Simone und Claudia Paganini

Im Namen des Vaters, des Sohnes und der Macht

Simone und Claudia Paganini

Im Namen des Vaters, des Sohnes und der Macht

Star Wars und die Bibel

HERDER

FREIBURG · BASEL · WIEN

www.herder.de

Umschlaggestaltung: Gestaltungssaal, Rohrdorf
Umschlagmotive: © Anatolii Vasilev/Shutterstock, © Mrs. Moon/Shutterstock

Die Übersetzungen der Bibelzitate sind vom Autor eigenhändig angefertigt.

Satz: Daniel Förster, Belgern
Herstellung: GGP Media GmbH, Pößneck
Printed in Germany

ISBN Print 978-3-451-39201-6
ISBN E-Book 978-3-451-82684-9

Für Laila,
auch wenn sie keine (galaktische) Prinzessin ist …

INHALT

QUIZFRAGE 1

„DIE MACHT SOLL NICHT MIT DIR SEIN!"

Prinzessin Leia oder Gott?

Dieser Satz wirkt wie die Umkehrung der klassischen Segensformel „Möge die Macht mit dir sein!" Sie wird im *Star Wars*-Universums verwendet, um dem anderen Glück zu wünschen. Die Segensformel wird auch von Menschen verwendet, die nicht an die Macht glauben; das erste Mal von Han Solo, dem Skeptiker schlechthin. Der Ursprung des Segens ist wohl biblisch: Im 31. Kapitel des Buches Deuteronomium beauftragt Moses kurz vor seinem Tod seinen Nachfolger Josua mit den Worten „Mögest du mächtig sein". Der Segenswunsch wird schlussendlich sogar Teil der jüdischen Liturgie.

In einer negativen Formulierung kommt der Segenswunsch in *Star Wars* allerdings nirgends vor. Niemand, nicht einmal die bösen Sith, können einem anderen die Macht entziehen. Sehr wohl aber der biblische Gott, nämlich dann, wenn er den Fluch gegen Kain ausspricht, nachdem dieser seinen Bruder ermordet hat (Genesis 4,12).

„Gott" ist die richtige Antwort.

»ES WAR EINMAL [...] IN EINER WEIT, WEIT ENTFERNTEN GALAXIS ...« ODER: »AM ANFANG ERSCHUF GOTT HIMMEL UND ERDE ...«

WAS HAT BIBELWISSENSCHAFT MIT *STAR WARS* ZU TUN?

»Ich glaube nicht«, so George Lucas in einem Interview aus dem Jahre 1999, »dass *Star Wars* ein religiöser Film ist, aber es nimmt Themen der Religion auf und destilliert sie für die Öffentlichkeit, um zu zeigen, dass es da draußen etwas Größeres gibt.« Der Schöpfer der fernen Galaxie erklärte, kurz nach dem Erscheinen von Episode I, wie selbstverständlich die große Anziehungskraft des *Star Wars*-Universums auf das Publikum mit einem Verweis auf die Religion. Auch ließ er seine Fans wissen, dass er selbst an die Existenz eines Gottes glaube und außerdem an den ewigen Kampf zwischen Gut und Böse, der sich seiner Ansicht nach im Inneren des Menschen vollzieht.

Aufmerksame wussten zur Zeit des Interviews bereits um die religiöse – ja streng genommen biblische – Dimension der mittlerweile zum Kultstatus aufgestiegenen Geschichte rund um Luke Skywalker, die Jedi, Darth Vader und Palpatine.

George Lucas und der Held mit tausend Gesichtern

Während seiner Zeit an der University of Southern California hatte Lucas nicht nur gelernt, wie man gute Filme macht, sondern er hatte auch Kontakt zu dem im Zuge des *Star Wars*-Hypes berühmt gewordenen amerikanischen Professor für vergleichende Religionswissenschaft: Joseph Campbell. Sein 1949 erschienener Roman *The hero with a thousand faces* (auf Deutsch unter dem Titel *Der Heros in tausend Gestalten* 1953 erschienen) wurde nicht nur vom *Time Magazine* in die Liste der hundert besten und einflussreichsten Bücher in englischer Sprache aufgenommen, er sollte neben George Lucas auch eine ganze Generation von Hollywood-Regisseuren und Drehbuchautoren beeinflussen – das meinen zumindest führende Film-Experten. Campbells Werk war in der Tat nicht nur spannend zu lesen, sondern eine wahre Fundgrube für all jene, die sich für die durchaus erstaunlichen Parallelen zwischen den Gründungsmythen und Sagen der verschiedenen Religionen interessierten.

Als Quintessenz von Campbells Arbeit könnte die Erkenntnis gelten, dass sich in allen Religionen und Mythen, vom alten Babylon bis in die Gegenwart, ein universelles Erfahrungsmuster wiederfindet. Dieses Muster zeigt sich in der Bibel, dem wichtigsten Buch der jüdisch-christlichen Tradition, ebenso wie im Buddhismus, dem Daoismus oder dem Islam. George Lucas setzte viele Elemente dieses Musters ein, variierte sie und spielte mit ihnen, und dank ihrer Universalität tut sich für den Betrachter eine ganze Reihe von Parallelen zwischen *Star Wars* und den bereits genannten Religionen auf.

Was der Religionswissenschaftler Campbell erkannt und was den Filmemacher Lucas fasziniert hat, war der Gedanke, dass manche Wahrheiten über den Menschen, das Leben und den Kosmos, manche Vorstellungen von Helden, vorbildhaften Gestalten, aber auch von Schurken und bösartigen Typen allgemein gültig sind. Sie werden insbesondere heute so wahrgenommen, weil die moderne westliche Kultur von diesem mythisch-metaphysischen Pathos derart geprägt ist, dass sich jede und jeder angesprochen fühlt und sich darin wiedererkennen kann. Das Publikum identifiziert sich, leidet mit und ist gerne bereit, sich mitreißen, sich vom *Star Wars*-Fieber anstecken zu lassen.

Das ist alles andere als neu. Vielmehr konnte der erzählerische Rückgriff auf eben diese Weisheiten immer schon als Garant für Erfolg gelten. Die biblischen Erzählungen folgen exakt diesem Schema und die Bibel ist immerhin seit mehr als 2000 Jahren das meistverkaufte Buch der Welt. Die *Star Wars*-Saga funktioniert sehr ähnlich.

Die vielen Gesichter der Theologie

Das Buch, das Sie gerade in den Händen halten, handelt nicht von religiösen Mustern im Allgemeinen und auch nicht einfach nur von religiösen Bezügen in der *Star Wars*-Saga. Darüber wurde schon einiges geschrieben, ja, es gibt an der *Divinity School* der Universität von Chicago sogar einen Professor – Mr. Russel Johnson –, der zu dieser Thematik regelmäßig eine Vorlesungsreihe anbietet. Auf den nächsten Seiten wird es neben dem grandiosen *Star Wars*-Universum auch um Theologie gehen, streng genommen um einen kleinen Teil davon, um die Bibelwissenschaft.

Die Theologie ist eine komplexe Disziplin. Nicht nur inhaltlich, weil ihr Objekt – auf Griechisch *theós*, also Gott – wissenschaftlichen Untersuchungen nicht wirklich zugänglich ist, sondern auch methodisch, weil sie sich im Laufe der Jahrhunderte in ganz unterschiedliche Teildisziplinen ausdifferenziert hat. Neben der praktischen Theologie, die sich grundsätzlich mit dem konkreten Glaubensvollzug in der Gesellschaft beschäftigt, der historischen Theologie, welche die Quellen der Kirchengeschichte auswertet, und der systematischen Theologie, die sich mit der Entwicklung und dem Wahrheitsanspruch des Dogmas und des Glaubens auseinandersetzt, gibt es eben auch die biblische Theologie.

Theologen, die sich mit der Bibel beschäftigen, sind aufmerksam für die unterschiedlichen Methoden der Sprach- und Geschichtswissenschaften, der Literaturwissenschaft und der Archäologie. Diese Methodenvielfalt wird kontrovers diskutiert, und auch hinsichtlich der inhaltlichen Ergebnisse der biblischen Forschung besteht innerhalb der internationalen Forschungsgemeinschaft nur selten Konsens. Immerhin scheint das Forschungsobjekt der Bibelwissenschaft unzweifelhaft festzustehen: Es geht um die Bibel und um die Umwelt, in der die biblischen Texte entstanden sind. Auch ist man sich ziemlich einig darüber, mit welchen Fragestellungen sich Bibelwissenschaftler zu beschäftigen haben und in welcher Reihenfolge das geschehen sollte: Das sind zunächst die Einleitungsfragen, also Fragen zur historischen und literarischen Umwelt der Bibel. Dann folgen Fragen zur Exegese, das heißt zur Interpretation von Textpassagen und Motiven, und daran knüpfen sich die Fragen nach dem theologischen Gehalt der Textkomposition an.

Die vielen Gesichter der *Star Wars*-Saga

Über *Star Wars* sind in den letzten 45 Jahren unzählige wissenschaftliche Untersuchungen verfasst worden. Nicht nur die Literatur- und Filmwissenschaften, sondern auch die Soziologie, die Kultur- und Politikwissenschaften, ja selbst Physik und Astronomie haben sich dem fiktiven Werk angenommen. Unter den vielen Wissenschaftlern, die das *Star Wars*-Universum aus unterschiedlichen Blickwinkeln untersucht haben, waren auch einige Theologen. Das ist nicht überraschend, denn selbst ein relativ unbedarfter Zuschauer stellt schnell fest, dass *Star Wars* eine ganze Reihe religiöser Motive anzubieten hat. So wurde die Macht immer wieder als göttliche Kraft, wenn nicht gar als Heiliger Geist gedeutet. Auch der apokalyptische Kampf zwischen Gut und Böse bietet sich zur Interpretation durch Theologen an, ebenso die Erwartung eines auserwählten Erlösers sowie die Gebete, die Weisheitssprüche und die Vorstellung von einem Leben nach dem Tod.

Wenn nun auf diesen Seiten der Versuch unternommen wird, den *Star Wars*-Mythos durch die Brille der Bibelwissenschaft zu betrachten, geschieht dies nicht mit der Ambition, die eine, einzig richtige Deutung von *Star Wars* liefern zu wollen, sondern vor dem Hintergrund der relativ banalen Beobachtung, dass Bibel und *Star Wars* viel miteinander zu tun haben. So lässt sich – um nur ein Beispiel zu nennen – in der chronologischen Reihenfolge der neun Episoden der Skywalker-Saga unschwer ein Muster erkennen, das im Neuen Testament beinahe identisch vorkommt: Ausgehend von der übernatürlichen Geburt eines Kindes, die als Erfüllung einer alten Prophetie gedeutet wird, entwickelt sich ein erbitterter Kampf gegen die Mächte der Finsternis, ein Kampf, der schließlich nicht nur gewonnen werden kann, sondern in der endgültigen Erlösung der neu gegründeten Gemeinschaft gipfelt.

Die Parallelen zur Geburt Jesu in Episode I sind beabsichtigt. Doch auch die Familiengeschichte der Skywalker, in der es im Verlauf von drei Generationen nach tiefen Zerwürfnissen schließlich doch noch zu einer Versöhnung kommt – und in der übrigens die Frauen nicht nur Zuseherinnen, sondern aktive Gestalterinnen sind –, kann als Aktualisierung der Erzelternerzählung aus der Genesis, dem ersten Buch der hebräischen Bibel, verstanden werden.

In Episode IX, kurz vor dem letzten, alles entscheidenden Kampf, als die Verzweiflung nach dem Tod von Leia kaum mehr zu ertragen ist, wird das Ende dieser Entwicklung in einem Gespräch zwischen Poe und dem alt gewordenen Lando in den Blick genommen. Es ist eine zentrale, jedoch leider wenig beachtete Szene, die damit beginnt, dass Poe sich der verstorbenen Leia zuwendet und sagt: »Ich bin noch nicht bereit.« Darauf meint der überraschend hinzukommende Lando: »Das waren wir auch nicht. Luke, Han, Leia und ich. Wer ist je bereit?« Poe erwidert: »Wie habt ihr das gemacht? Ein Imperium besiegen mit nahezu nichts?« Und Lando: »Wir hatten einander. So haben wir gewonnen.«

Der finale Sieg der Kinder des Lichts gegen die Mächte der Finsternis ist gewissermaßen die logische Konsequenz dieser Haltung. Erlösung kann immer nur in Gemeinschaft erlangt werden, als *ékklesia* (Kirche) eben, wie es neutestamentlich heißt, als Gruppe derer, die sich zusammengefunden haben, um ein höheres Ideal zu erreichen.

Dass darüber hinaus innere Läuterung, ein mühsamer und oft verworrener Weg sowie ein apokalyptischer Kampf zwischen Gut und Böse vonnöten ist, ist selbstredend. Doch die Parallelen zwischen Bibel und *Star Wars* gehen noch tiefer.

Die bibeltheologische Perspektive im *Star Wars*-Universum

Die Saga von *Star Wars*, wie diese in den drei Film-Trilogien entwickelt wird, soll im Folgenden bibelwissenschaftlich gelesen werden. Ähnlich wie in einer bibelwissenschaftlichen Vorlesungsreihe wird mit den sogenannten Einleitungsfragen begonnen, denn man kann Texte nur dann richtig verstehen, wenn man ihren Sitz im Leben, ihre Gattung und – was besonders wichtig ist – ihre kanonische Zusammensetzung, also die Zugehörigkeit zu einer autoritativen Sammlung, kennt. Im Anschluss daran wird Exegese betrieben, also eine inhaltliche Auseinandersetzung mit besonders wichtigen Passagen und Motiven. In diesem Teil wird es um die Familiengeschichte der Skywalker gehen, um den Jedi-Orden als einer Mischung von unterschiedlichen jüdisch-christlichen Bewegungen, sowie natürlich um die Macht als pseudo-göttliches, monotheistisches und nicht-personales Lebensprinzip.

Der letzte Teil handelt von der »theologischen Botschaft« hinter *Star Wars*, konkret von der entscheidenden Rolle der Frauen, von messianischen Erwartungen und vom apokalyptischen Kampf in einer dualistischen Welt.

Eine wichtige Kompetenz, die durch das bibelwissenschaftliche Studium vermittelt werden soll, ist schließlich die Kenntnis der Texte, die analysiert werden. Im Buch wird es auch dafür Platz geben, sodass man anhand von einigen ausgewählten Zitaten selbst überprüfen kann, wie es um das Wissen über *Star Wars* und Bibel steht.

QUIZFRAGE 2

„FÜRCHTE DICH NICHT!"

Jesus oder Yoda?

Die Aufforderung „Fürchte dich nicht!" kommt in der Bibel mehr als hundert Mal vor; das erste Mal im Buch Genesis und das letzte Mal im Buch der Offenbarung. Furcht und Angst werden als Gefahr oder Hemmung gesehen, die überwunden werden können, wenn man auf Gottes Güte hofft.

Im *Star Wars*-Universum wird dagegen vielmehr ein kausaler Zusammenhang zwischen Furcht, Wut und Hass hergestellt: „Furcht führt zu Wut, Wut führt zu Hass. Hass führt zu unsäglichem Leid." Dieser Satz ist eines der wichtigsten Prinzipien in der Lehre der Jedi und wird von Meister Yoda in einem Gespräch mit Anakin geäußert. Bei diesem Zitat handelt es sich außerdem um eine der wenigen sprachlichen Äußerungen des 66 cm großen und am Ende seines Lebens 900 Jahre alten Yoda, die grammatikalisch korrekt ist.

„Jesus" ist die richtige Antwort.

DIE PREQUEL-TRILOGIE: EINLEITUNGSFRAGEN

Warum etwas so ist, wie es ist, ist eine wichtige Frage. Die Einleitungswissenschaft innerhalb der bibeltheologischen Forschung dient dazu, solche Fragen zu beantworten. Es geht dabei noch nicht um die Bedeutung der Texte selbst, sondern um diejenigen Aspekte, die wichtig sind, um die Texte überhaupt verstehen zu können: Wann sind die Texte entstanden? Wer hat sie geschrieben? Aus wie vielen Texten und aus welchen genau besteht eine »kanonische« Sammlung? In welchen Kontexten sind sie verfasst worden und wer sind die Adressaten?

Die Antworten auf diese und ähnliche Fragen beleuchten die sozialen Aspekte eines Textes, das ursprüngliche Ambiente, in dem sie entstanden sind und sich entwickelt haben – den sogenannten »Sitz im Leben« – und nicht zuletzt die Problematik der Zusammensetzung einer Textsammlung, die oft mit dem Fachbegriff »Kanon« bezeichnet wird. Wenn man sich mit der Bibel beschäftigt, sind solche Einleitungsfragen von großer Bedeutung. Im Fall von *Star Wars* verhält es sich ähnlich.

»WENN IHR NICHT AUF MEINER SEITE STEHT, DANN SEID IHR MEIN FEIND.«

DIE WELTEN, IN DENEN *STAR WARS* ENTSTAND

»Wenn Ihr nicht auf meiner Seite steht, dann seid Ihr mein Feind« – in dieser Aussage gipfelt der Dialog zwischen Anakin und Obi-Wan Kenobi, die in Episode III ihren epischen Kampf auf dem Lavaplaneten Mustafar ausfechten. Anakin Skywalker wird besiegt, verbrennt fast vollständig, bleibt aber am Leben. Er ist von der dunklen Seite der Macht nicht mehr abzubringen und verwandelt sich nach einer schmerzhaften Operation schlussendlich auch optisch in Darth Vader.

Seine Drohworte gegen den ehemaligen Jedi-Bruder und Lehrer sind nicht nur als Umkehrung der evangelischen Botschaft zu verstehen – »Wer nicht gegen uns ist, der ist für uns« (Mk 9,40; Mt 10,42 und Lk 9,50) –, sie erinnern nebenbei auch an die Worte, mit denen George W. Bush am 20. September 2001 die Weltöffentlichkeit auf den Irakkrieg einschwor: »Entweder ihr seid für uns, oder ihr seid für den

Terrorismus.« Als vier Jahre nach dieser historischen Ansprache Episode III von *Star Wars* erschien, war dem aufmerksamen Zuschauer klar, dass die Worte des US-Präsidenten im Mund des künftigen Darth Vader einer massiven Kritik an der Politik von Bush und dem Irakkrieg gleichkamen. Aus der Feder von George Lucas war das nicht überraschend. Denn schon im ersten 1977 erschienenen *Star Wars*-Film hatte der Regisseur nicht mit Kritik an Krieg gespart. Tatsächlich kann man *Star Wars* nicht richtig verstehen, wenn man die soziale und politische, aber auch die literarische und kulturelle Situation, in der die Filme entstanden sind, unberücksichtigt lässt.

Der Bibel-Babel-Streit und der »Sitz im Leben« von Texten

Am 13. Januar 1902 hielt der deutsche Assyriologe Friedrich Delitzsch in Anwesenheit von Kaiser Wilhelm II. und den Mitgliedern der Deutschen Orient-Gesellschaft einen Vortrag, der unter dem Titel »Babel und Bibel« den Beitrag der altorientalischen Forschung zum Verständnis des Alten Testamentes aufzeigen wollte. Unter Bezugnahme auf eine Fülle von archäologischen Zeugnissen und unter Berufung auf die literarischen Abhängigkeiten vertrat Delitzsch die These, dass die jüdische Religion und die Schriften der hebräischen Bibel sehr stark von ihrem assyrischen und babylonischen Umfeld beeinflusst worden waren. Es ist daher Friedrich Delitzsch zu verdanken, wenn einer breiten Öffentlichkeit erstmals klar wurde, dass Erzählungen wie die Sintflut-Geschichte mit ihrem Protagonisten Noah und seiner Arche keine Besonderheit der biblischen Tradition waren. Diese findet sich nämlich in sehr ähnlicher Form im deutlich älteren *Gilgamesch*-Epos wieder.

Der besagte Vortrag jedenfalls setzte den Anfangspunkt für eine stark polemisch geführte Kontroverse, die als »Babel-Bibel-Streit« in die Geschichte eingegangen ist. Wenngleich der Bibelwissenschaftler Hermann Gunkel bereits 1903 vehement gegen Delitzsch argumentierte und seine Position als »unzulänglich, unzureichend und kurzlebig« bezeichnete, lässt sich rückblickend festhalten, dass die von Gunkel mitbegründete bibelwissenschaftliche Schule sich ohne die Auseinandersetzung mit Delitzsch nicht entwickelt hätte.

Gunkel formulierte nämlich als Erster ein exegetisches Prinzip, das besagt, dass man die ursprüngliche Entstehungssituation eines Textes für seine Interpretation mitberücksichtigen muss. Das wiederum bedeutet, die historisch und soziologisch relevanten Aspekte der Umwelt des Textes zu untersuchen, den Kontext also – von Gunkel »Sitz im Leben« genannt –, in dem die mündlichen und schriftlichen Überlieferungen entstanden sind bzw. sich entwickelt haben. Natürlich ist es so, dass Texte nach ihrer Entstehung eine selbstständige Entwicklung durchmachen, die zu ganz unterschiedlichen Sinnzuschreibungen führen kann. Ohne ihre Entstehungssituation zu berücksichtigen, kann man Texte jedoch nur begrenzt verstehen.

Was nun Friedrich Delitzsch betrifft, so spitzte dieser seine These – als Reaktion auf deren massive Ablehnung – dahingehend zu, dass er die altbabylonische Welt gegenüber der Bibel als überlegen erklärte. Seine Ablehnung der hebräischen Bibel, die zu einem guten Teil antisemitisch begründet gewesen sein dürfte, wurde massiv kritisiert, dennoch blieb die Relevanz seiner Ausführungen zur engen Zusammengehörigkeit von biblischer und altorientalischer Umwelt bis heute bestehen: Ohne, um nur ein Beispiel zu nennen, die Flut-Erzählung im *Gilgamesch*-Epos zu berücksichtigen, kann man die Noah-Erzählung der Bibel nicht vollständig verstehen.

Was Gunkel für die Bibelwissenschaft annahm, ist mittlerweile auch in der Literatur- und Kulturwissenschaft Konsens.

Star Wars und die 1970er-Jahre

In *Star Wars* werden Themen bearbeitet, die im Laufe der letzten 45 Jahre gesellschaftlich relevant waren. Die einzelnen Episoden spiegeln nicht bloß die Umwelt der Autoren wider, sie sind streng genommen nur unter Berücksichtigung ihres »Sitzes im Leben«, also ihrer Entstehungssituation, zu verstehen. Als George Lucas zu Beginn der 1970er-Jahre damit begann, den *Star Wars*-Kosmos zu entwerfen, befanden sich die USA in einer innenpolitischen Krise. Die Watergate-Affäre, mit der die Präsidentschaft von Richard Nixon 1974 unrühmlich zu Ende gehen sollte, stellt ein wichtiges Element für den Sitz im Leben der klassischen Trilogie dar. Durch die ganze Saga zieht sich hingegen wie ein roter Faden die Sorge, dass sich eine gut funktionierende Demokratie quasi über Nacht in eine Diktatur verwandeln könnte. Ähnliches gilt für die Korruption in der galaktischen Republik. Auffallend ist schließlich eine offensichtliche Kriegskritik.

Die US-Politik war zu Beginn der 1970er-Jahre geprägt von den gesellschaftlichen und sozialen Folgen des Vietnam-Kriegs. Episoden wie die, in der eine starke, technologisch überlegene Supermacht versucht, kleine Planeten zu zerstören, sind offensichtlich als Kritik am Einsatz der US-Soldaten in Vietnam zu verstehen. *Star Wars* enthält aber auch eine generelle Warnung vor absolutistischen Regimen, wie man sie in Europa während des Zweiten Weltkrieges durchlebte. Die Erinnerung daran war in den 1960er- und 1970er-Jahren in der US-amerikanischen und der europäischen Gesellschaft sehr präsent. Die Anspielungen auf den Zweiten Weltkrieg sind, sofern man nur ein wenig auf die Bekleidung der Protagonisten oder die erbitterten Flugkämpfe im Weltraum achtet, rasch zu erkennen. Nicht nur die Farbe von Darth Vaders Kostüm, auch sein Helm erinnern an die Nazi-Uniformen der deutschen Soldaten; die Sturmtruppler deuten ebenfalls darauf hin. Auch der nach der Kriegstaktik der Nazis benannte Planet Kessel sowie der auf den Namen eines deutschen Generals getaufte Planet Hoth sind deutliche Anspielungen.

In der klassischen Trilogie, aber auch im Prequel, sind weitere Parallelen zu den Vorgängen im Kalten Krieg zu erkennen: Die stetig präsente Angst vor einer alles vernichtenden (nuklearen) Katastrophe und einem damit einhergehenden gewaltigen Massenmord wird durch die Angst vor dem Todesstern abgebildet. Das Thema der Massenvernichtungswaffen bzw. einer post-apokalyptischen Welt sollte übrigens wenige Jahre nach dem Erscheinen von Episode IV zur Kernthematik des Science-Fiction-Genres werden (*The Day After, Terminator,* die *Mad Max-Trilogie*). Der Kalte Krieg spielt auch in der politischen Konstellation der Galaxie von Episoden I und II mit ihren Wirtschaftsblockaden, den Satellitenstaaten, den stark hierarchisch organisierten militärischen Strukturen u.v.m. eine große Rolle. Die starke Stagflation und die Ölpreiskrise zu Beginn der 1970er-Jahre sind schließlich die letzten beiden Elemente, die als realer Hintergrund, als »Sitz im Leben«, der *Star Wars*-Filme identifiziert werden können.

Alles in allem wird das Imperium als ein ebenso rassistisches wie nationalistisches Gebilde dargestellt, das sich durch Ausländerfeindlichkeit auszeichnet, zu einer häufig mit Gewalt einhergehenden Diskriminierung neigt und nicht vor Massenmord zurückschreckt.

Dass gegen ein solches Imperium Widerstand geleistet werden muss, ist die Grundbotschaft der gesamten *Star Wars*-Saga. Denn auch die Nachfolgeorganisationen des Imperiums tragen die diktatorischen Züge in sich und stellen insofern eine Antwort auf die Weltpolitik am Übergang vom 20. ins 21. Jh. dar.

Star Wars und die US-Filmszene

Anfänglich hatte *Star Wars* ein bescheidenes Budget von etwa zehn Millionen Dollar und war von der wenig risikobereiten Filmproduktionsgesellschaft *20th Century-Fox* zu Beginn keineswegs als erster Teil einer Reihe konzipiert worden.

Die fremden Welten der Protagonisten, ihre Kleidung und Architektur, Technologie und Geschichte – all das hatte auf den ersten Blick nichts mit dem zu tun, was das Publikum aus dem eigenen Leben kannte. Erst nach dem Erfolg des ersten Films sprang die Fox auf den Serien-Zug auf.

George Lucas war ein junger, wagemutiger Regisseur, der nach seiner Ausbildung an der Filmakademie der Universität von Südkalifornien vor allem von der Comic-Gestalt des Flash Gordon fasziniert war und dank eines Kurzfilms mit dem enigmatischen Titel *THX 1138* bereits erste Erfahrungen mit Science-Fiction gesammelt hatte. Kaum einer in seinem Umfeld schenkte Lucas damals Vertrauen und vor allem nicht das nötige Geld. In der Tat, ohne den couragierten Einsatz von Alan Ladd Jr., damals Produktionsleiter und später Präsident von *20th Century-Fox*, wäre *Star Wars* wohl nie gedreht worden.

In den Augen von Lucas sollte der Film eine Art Märchen sein, die Zuschauer, die seiner Einschätzung nach vor allem Jugendliche sein würden, sollten unterhalten werden und Spaß haben. Die Filmkritik seiner Zeit nahm Lucas hingegen als Verarmung der Fantasiewelt wahr, denn Hollywood produzierte zu Beginn der 1970er-Jahre in erster Linie Krimis mit zum Teil äußerst brutalen Polizisten oder Helden einer gewalttätigen Selbstjustiz. Mit *Star Wars* dagegen wollte er eine Welt entstehen lassen, die es jungen Leuten erlauben würde, hoffnungsvoll in die Zukunft zu blicken und über neue Möglichkeiten der Entwicklung bzw. der Selbstverwirklichung nachzudenken. Lucas wollte aber auch Abenteuer zeigen. Deshalb verwarf er den sogenannten Wissenschaftswahn, der damals ein Merkmal der Science-Fiction war, und bezeichnete *Star Wars* von Beginn an als »Science-Fantasy«. Was Lucas also tat und was damals vollkommen neu war, war es, ein recht banales, beinahe schon infantiles Weltraummärchen zu drehen, in dem Prinzessinnen gerettet werden mussten und die im luftleeren All abgefeuerten Laserkanonen neuartige Geräusche von sich gaben.

Vor *Star Wars* bestand Science-Fiction aus einer einigermaßen sterilen, dabei aber sehr plausiblen filmischen Umsetzung dessen, wie sich das menschliche Zusammenleben dank moderner Wissenschaft in Zukunft entwickeln könnte. Mit *Star Wars* aber wird nicht nur die Technik, sondern auch die Physik – von der Geschwindigkeit der Raumschiffe bis hin zu den Lichtschwertern – jenseits jeglicher Machbarkeit gestellt. Alles ist so fantastisch, dass es nicht, und zwar auch nicht in einer sehr fernen Zukunft, realisierbar ist. Technik erscheint außerdem nicht als etwas Sauberes, Reines, Aseptisches oder Steriles. Das Universum von *Star Wars*, egal ob auf Tatooine, auf dem Todesstern oder im Dschungel des vierten Mondes des Planeten Yavin, ist ein »gebrauchtes« Universum voller Unrat und Müll. Das legendäre Raumschiff von Han Solo, der Millennium-Falke, ist hundert Jahre alt. Es ist mit Ölflecken, Meteoriten-Einschlagstellen und Spuren von Streifschüssen versehen. Roboter, Androiden und außerirdische Wesen bilden eine bunte, multikulturelle Gesellschaft, in der neben anderen Gestalten eben auch reale Menschen vorkommen.

Was mit *Star Wars* anders wurde, ist aber vor allem die zeitliche Dimension: Die Geschichte spielt nicht in der Zukunft, sondern, so erfährt man im Vorspann zu jedem Film, in der Vergangenheit. Alles, was geschieht, ist eine Vergangenheit, zu der die *Star Wars*-Saga eine Erinnerung darstellt, ja, eine Reflexion anbietet. Insofern weiß man schon von Beginn an, dass die Geschichte gut ausgehen wird, ansonsten könnte sie im Nachhinein gar nicht erzählt werden. *Star Wars* ist von vornherein – zumindest literarisch – also als Märchen mit Happy End angelegt.

Star Wars und die Reduktion von Komplexität

Der Urkampf zwischen der guten und der bösen Seite der (einen) Macht wird innerhalb der Saga zwar immer wieder mit historischen Bezügen unterfüttert, es handelt sich dabei aber ein Stück weit auch um politische Theologie. Der Kampf ist nämlich nicht nur ein Kampf gegen die andere Seite, er ist vielmehr ein Ringen um das Gleichgewicht der Macht. Dieses Gleichgewicht muss sowohl in der Gesellschaft als auch im Inneren des Menschen wiederhergestellt werden. Eine Kritik an traditionellen und dogmatisch-religiösen Positionen ist zwar durchaus wahrnehmbar, eine destruktive Ablehnung des Religiösen findet man in *Star Wars* aber nicht. Vielmehr spielen verschiedene Formen der Meditation und der Spiritualität eine wichtige Rolle, so wie man sie sowohl aus der Religionsgeschichte als auch aus der gegenwärtigen Praxis vieler Religionsgemeinschaften kennt.

Die Kombination aus Tricktechnik und Abenteuer, verbunden mit einer positiv-naiven Geschichte traf (und trifft noch heute) jedenfalls exakt die Wünsche und Vorstellungen des Publikums. Für das an seinem Pessimismus erstickende Science-Fiction-Genre der 1970er-Jahre war diese positive Botschaft lebensnotwendig. Mehr noch: Lucas überwand mit *Star Wars* die Zukunftsängste des Science-Fiction-Kinos und motivierte das Publikum mit seiner ungebremsten Abenteuerlust, die zugleich aber wie ein Weckruf für die Gesellschaft wahrgenommen werden konnte.

Der erste Film der klassischen Trilogie zählt zu den finanziell erfolgreichsten Kinofilmen. Bis 2021 spielte er mehr als 800 Millionen Dollar ein. Dank einer erfolgreichen Vermarktungsstrategie, aus dem *Star Wars*-Universum einen gewaltigen Wirtschaftsfaktor der Unterhaltungsindustrie zu machen. Der Bekanntheitsgrad von Leia, Han Solo, Luke, Yoda und Darth Vader kann aber nicht mit dem Erfolg der Filme und ihres Marketings allein erklärt werden. Sie und viele der anderen fiktiven Protagonisten erreichten schnell Kultstatus und stießen eine nicht vorhersehbare Dynamik an. Als sich am Donnerstag, den 25. Mai 1977, lediglich 32 – weitere 11 bis zum darauffolgenden Wochenende – Kinos in den USA dazu durchringen konnten, dem Film mit einer Premierenvorstellung eine Chance zu geben, bildeten sich rasch Schlangen, die um ganze Häuserblocks herumreichten. *Star Wars* hat nicht zuletzt den Begriff »*Blockbuster*« entscheidend mitgeprägt. Die erste Trilogie war zweifellos eine Einladung zum Träumen. Aber sie war mehr als das: Die Saga rund um die Familie Skywalker bot der damaligen Generation – auch wenn das für manche eigenartig klingen mag – ein Orientierungsangebot innerhalb einer sich in der Krise befindlichen Welt.

»ES WAR EINMAL VOR LANGER ZEIT ...«

DAS EVANGELIUM NACH (G.) LUCAS

Der *Eröffnungscrawl*, der am Anfang jeder *Star Wars*-Folge in einem steilen Winkel von unten nach oben läuft und von der *Star Wars*-Fanfare begleitet wird, setzt mit Worten ein, die für Science-Fiction-Fans wie eine Verhöhnung klingen müssen: »Es war einmal vor langer Zeit ...« Wie aber kann es sein, dass ein Film, in dem, neben ausgefallenen außerirdischen Kreaturen, Raumschiffe vorkommen, die mit Überlichtgeschwindigkeit fliegen, nicht in der Zukunft, sondern in der Vergangenheit, ja vor langer Zeit spielt? Die Frage klingt auf den ersten Blick banal, sie ist es aber nicht. Denn George Lucas entwickelte die Gattung Science-Fiction nicht nur auf kreative Art und Weise weiter, er füllte sie zugleich mit einem neuen Inhalt, der die Science-Fiction-Produktion für immer verändern sollte. Damit war er aber nicht allein, denn es gab schon vor ihm Männer, auch unter ihnen war ein Lukas, die einen ähnlich relevanten Begriff – mehr oder weniger bewusst – maßgeblich umgedeutet hatten.

Das Evangelium als eine innovative Form der antiken Biografie

Das griechische Wort *tó euangélion* (das Evangelium) bedeutete ursprünglich relativ simpel »gute Botschaft« bzw. im Kontext des Neuen Testaments »verkündete Heilsbotschaft«. Insbesondere der Apostel Paulus gebrauchte den Begriff in seinen Briefen, die er um das Jahr 50 n. Chr. an einige der von ihm gegründeten Gemeinden schrieb, gerne mit dem Zusatz »von Christos« oder »von Gott«. Zu seiner Zeit gab es noch keine Biografie von Jesus, kein »Evangelium«, wie wir es heute kennen. Erst mit dem Markusevangelium lag um das Jahr 70 n. Chr. ein solches vor und mit eben diesem Werk veränderte sich auch die Bedeutung des Wortes. Markus – bzw. die Autorengruppe, die unter diesem Namen schrieb – führte den Begriff bereits in der Überschrift ein: »Beginn des Evangeliums Jesu Christi« ist in vielen antiken Handschriften zu lesen, wobei »Christi« eine spätere Hinzufügung sein dürfte. Damit wird der Begriff »Evangelium« erstmals auf eine ganze Schrift bezogen.

Ob ein Gelehrter namens Markus jemals existiert hat, wird in der Bibelwissenschaft bis heute diskutiert. Fest steht jedoch, dass mit dem Markusevangelium erstmals in der Literaturgeschichte der Begriff »Evangelium« zur Bezeichnung für eine neue literarische Gattung avanciert ist. Der Erfolg des neuen Genres zeigte sich rasch: Schon bald legten drei weitere Autorengruppen, die heute als Matthäus, Lukas und Johannes bekannt sind, Schriften vor, die als »Evangelium« verstanden wurden und die später in den Kanon des Neuen Testamentes aufgenommen wurden. Doch damit nicht genug: Im Laufe der ersten Jahrhunderte der jungen Kirche sollte noch eine Vielzahl weiterer Evangelien entstehen.

Was all diesen Werken gemeinsam war, ist, dass sie Elemente der antiken lateinischen und griechischen Biografien-Schreibung aufgriffen und diese durch genuin jüdische Komponenten – wie weisheitliche Sprüche oder apokalyptische Themen – anreicherten. Außerdem verbindet ein Evangelium als literarische Gattung biografische Details aus dem Leben Jesu mit Deutungen seiner Botschaft und Spruchgut. Damit ist ein »Evangelium« letztlich eine ausgeschmückte literarische Biografie Jesu. Form und Inhalte eines Evangeliums waren also nicht wirklich etwas Neues, doch den Autoren des Markusevangeliums ist es als Ersten gelungen, diese bereits vorhandenen Elemente auf eine sehr spezielle Art und Weise miteinander zu verknüpfen. Darin lag der Schlüssel zum Erfolg nicht nur ihrer Schriften, sondern sehr wahrscheinlich des ganzen Christentums.

Die Neu-Erfindung der Science-Fiction

Mutatis mutandis gelingt in den 1970er-Jahren auch George Lucas ein ähnlicher Schachzug. Ohne *Star Wars* wäre die Filmgattung Science-Fiction nicht der Erfolgsgarant, der sie ist. Darüber sind sich die Experten einig. Selbstverständlich hat Lucas das Genre mit seinen *Star Wars*-Filmen nicht erfunden. Ganz im Gegenteil: Seit den frühen 1950er-Jahren wimmelte es in Hollywood geradezu von Science-Fiction-Werken. Sehr wohl kann man aber behaupten, dass er die Gattung revolutioniert hat.

Nach ihren bescheidenen Anfängen rund um die Pioniere Jules Verne, H. G. Wells oder Edgar Allan Poe wurde Science-Fiction auch im Bereich der Filmproduktion ab dem Beginn des 20. Jh. langsam wahrgenommen. Als erster Science-Fiction-Film der Geschichte gilt heute *Die Reise zum Mond* von Georges Méliès aus dem Jahr 1902. Bereits dieser erste Bildstreifen beinhaltete die wichtigsten Merkmale der neuen Gattung: Auf formaler Ebene ging es vor allem darum, möglichst viele, neue und aufregende Spezialeffekte einzubauen. Inhaltlich dagegen spielten die Filme in der Regel in einem fernen zukünftigen Weltall – jedoch mit Bezug zur Erde – und handelten von noch nicht erreichten technischen und wissenschaftlichen Errungenschaften. Höhepunkte erreichte das Genre freilich bereits vor *Star Wars*. So gilt beispielsweise die TV-Serie *Star Trek*, die in den Wirren des Kalten Krieges entstanden ist und eine weitgehend gewaltfreie, multikulturelle künftige Welt postulierte, als Meilenstein der filmischen Science-Fiction-Produktion.

Dennoch war Science-Fiction in den 1970er-Jahren des vergangenen Jahrhunderts nicht gerade ein Publikumsmagnet. Vielmehr hatten sich die Hollywood-Produzenten seit den 1950er- und 1960er-Jahren vermehrt auf biblische und historisch-monumentale Kriegsfilme fokussiert, und der Erfolg gab ihnen recht: *Quo Vadis* (1951), *Die Zehn Gebote* (1956), *Ben Hur* (1959), *Die Kanonen von Navarone* (1961) oder *Lawrence von Arabien* (1962). Was gezeigt wurde, waren für die Kamera geschaffene, imposante Welten, die sich klar von der lebensweltlichen Realität des Publikums unterschieden. Was Science-Fiction betraf, gab es lediglich einzelne Lichtblicke wie zum Beispiel Stanley Kubricks 1968 ausgestrahlter Film *2001: Odyssee im Weltraum*. Ansonsten waren zu Beginn der 70er-Jahre vor allem politische Filme beliebt. Hollywood favorisierte damals insbesondere den Anti-Helden, der gegen alle Regeln für Gerechtigkeit sorgte: Fiktive Charaktere wie diejenigen, die Charles Bronson oder Clint Eastwood spielten, verkörperten mit ihrer Selbstjustiz die von vielen Zuschauern ebenso empfundene Ablehnung gegenüber einer Gesellschaft, die sich kaum noch um die Probleme des »kleinen Mannes« kümmerte. Mit den 1970er-Jahren änderten sich weitgehend auch die Themen. Eine Reihe junger Regisseure brachte selbstbewusst eigene Ideen ein und begann im Rahmen der großen Hollywood-Produktionen mitzumischen. Das war die Zeit, in der Filmemacher wie Steven Spielberg, Francis Ford Coppola und Martin Scorsese dem Publikum ihre ersten Werke präsentierten.

Schließlich kam auch George Lucas dazu, der 1973 mit *American Graffiti* bereits einen ersten Erfolg vorzuweisen hatte und dem 1977 mit *Star Wars* ein völlig unerwarteter Durchbruch gelang, der ihn zunächst in Hollywood und dann sehr schnell international bekannt machte. Lucas hat die Science-Fiction also nicht erfunden, aber er hat sie neu konzipiert.

Er übernahm die monumentale Ausstattung der historischen Hollywood-Filme und formulierte den Plot ähnlich monumental aus. So bot beispielsweise das 1973 begonnene Drehbuch von *Star Wars* von Anfang an Materialien für mindestens drei Filme. Die Handlung war komplex und simpel zugleich, und gerade diese Spannung war wohl der Grund dafür, warum zunächst kaum einer an einen möglichen Erfolg glaubte. Nichtsdestotrotz ist es George Lucas gelungen, ein Werk zu schaffen, das seit damals Generationen von Kinobesuchern fasziniert und inspiriert.

Special Effects einer Space Opera

Die Tricktechnik, die von Beginn an ein zentrales Merkmal der Science-Fiction war, erreichte mit *Star Wars* ihren (vorläufigen) Höhepunkt. Die Darstellung des Weltalls, die Inszenierung von Raumschiffkämpfen, Duelle mit bis dato unbekannten Laserschwertern sowie das Auftreten außerirdischer Aliens – all das verlangte nach der Entwicklung entsprechender Special Effects, die nicht zum klassischen Repertoire gehörten. Da aber kein Unternehmer zu finden war, der in der Lage oder willens war, die Visionen von Lucas auf die Leinwand zu bringen, gründete dieser im Mai 1975 kurzerhand seine eigene Firma: *Industrial Light & Magic*.

Damit insbesondere die Weltraumszenen nach den Vorstellungen des Regisseurs umgesetzt werden konnten, entwickelte John Dykstra, ein Pionier in Sachen Special Effects, in Zusammenarbeit mit mehreren Computerspezialisten die sogenannte *Computer-Controlled-Camera*. Dieses Aufnahmesystem ist heute aufgrund des massiven Einsatzes von digitalen Bildern obsolet geworden, vor 45 Jahren jedoch war es ebenso neu wie revolutionär. Szenen wie die Eröffnung von Episode IV, in der ein imperialer Schlachtkreuzer ein Rebellenschiff quer über die Leinwand verfolgt, hätten ohne diese Spezialkamera niemals realisiert werden können.

In jedem Fall war die Gründung einer eigenen Special-Effects-Firma die wohl wichtigste Entscheidung auf dem Weg zum Welterfolg von *Star Wars*. In diesem Kontext wurde auch die Notwendigkeit der Weiterentwicklung vorhandener tricktechnischer Instrumente für die Gestaltung von Szenerie und Figuren deutlich. Die Electronic-Motion-Control-Technik (Dykstraflex), dank derer die Modelle nicht mehr händisch von Einstellung zu Einstellung in Position gebracht werden mussten, sondern diese Arbeit durch kleine Motoren, die außen auf den Modellen angebracht waren, erledigt wurde, ist heute – in ihrer perfektionierten Form – längst Normalität. Entwickelt wurde sie aber von *Industrial Light & Magic* extra für den ersten *Star Wars*-Film. Dafür gab es 1978 den Oscar für die besten visuellen Effekte.

Mindestens genauso wichtig waren aber mit Sicherheit die detailreichen Masken, die fantastischen Kostüme und der

Einsatz verschiedener Matte-Paintings – also von händisch gemalten Hintergrundbildern –, welche die vielen Totalaufnahmen überhaupt erst möglich machten. Die gewaltige Armee der Sturmtruppler beispielsweise war lediglich aufgemalt. Die Szene in der Kantine von Mos Eisley im ersten *Star Wars*-Film gilt hingegen als musterhaftes Proömium einer Saga, in der wie in keinem anderen Film davor eine Vielzahl an absonderlichen, außerirdischen Geschöpfen ganz selbstverständlich ihren Platz eingenommen hatte. Gerade der exzessive Einsatz von Tricktechniken führte aber im Laufe der Zeit dazu, dass man zu diskutieren begann – und das übrigens auch heute noch tut –, ob *Star Wars* überhaupt noch Science-Fiction sei oder ob man eine neue Genre-Bezeichnung einführen müsste, um den so spezifischen Charakter der Filmreihe angemessen abbilden zu können.

Auch was die Ausstattung betrifft, zeigt sich also eine Parallele zur Bibel: So wie die älteste uns erhaltene Biografie Jesu – jener Text, den man heute als Markusevangelium kennt – keine schlichte, nach den damaligen Standards verfasste biografische Darstellung des Lebens eines Menschen war, ist *Star Wars* auch nicht einfach Science-Fiction. Isaac Asimov – vielleicht der prominenteste Wegbereiter der modernen Science-Fiction – vertrat in den 1950er-Jahren die Meinung, dass Science-Fiction technische Entwicklung in Zusammenhang mit dem Menschen und seiner Lebenswelt bringe. Doch allgemeingültige Kriterien dafür, was als Science-Fiction gelten dürfe, formulierte auch er nicht. Bis heute gibt es keine eindeutigen Genregrenzen. Doch es ist eine Tatsache, dass Disney sämtliche *Star Wars*-Filme und -Serien nicht unter dem Science-Fiction Label vermarktet und dass Filmexperten für *Star Wars* sogar eine neue Kategorie eingeführt haben: die *Science-Fantasy*. Das war nicht wirklich positiv gemeint, denn George Lucas wurde von Experten als »nachlässiger Fantasy-Welten-Bauer« diskreditiert und *Star Wars* mit Verweis auf den Eröffnungstext der einzelnen Episoden (*opening crawl*) als Märchen abgetan: »Es war einmal vor langer Zeit in einer weit, weit entfernten Galaxie …«

Im Jahr 2015, drei Jahre nachdem *The Walt Disney Company* für etwa drei Milliarden Euro das Copyright für die *Star Wars*-Produktion gekauft hatte, konnte man die offizielle Disney-Position dann sogar aus dem Mund von George Lucas selbst hören: »Star Wars isn't a science-fiction film«, sagte er in einem NBC-Interview, »it's a fantasy film and a space opera« (*Star Wars* ist kein Science-Fiction-Film, es ist ein Fantasy-Film, eine Weltraum-Oper). Abgesehen davon, dass weder in diesem Interview noch danach geklärt worden wäre, was genau eine *»space opera«* ausmacht, darf durchaus bezweifelt werden, dass Lucas schon 1977 mit einer derartigen Gattungszuschreibung einverstanden gewesen wäre.

Wenn Gattungen aber, wie uns die moderne Literaturwissenschaft lehrt, grundsätzlich als ein Netz von Elementen, die einander ähneln und sich gegenseitig bedingen, zu verstehen sind, dann hat *Star Wars* – ähnlich wie einst die Evangelien die Gattung »Biografie« – die Gattung »Science-Fiction« wesentlich mitbestimmt.

Für die Puristen unter den Historikern und Bibelwissenschaftlern wird ein Evangelium niemals eine »richtige Biografie« sein. Für die Puristen unter den Science-Fiction-Liebhabern ist *Star Wars* keine »echte Science-Fiction«. Ändert man aber die Blickrichtung, zeigt sich, dass die Evangelien ebenso eine neue Art von Biografie darstellen, so wie *Star Wars* eine neue Art von Science-Fiction ist, durch die und in der wir überhaupt erst begreifen, was Science-Fiction eigentlich ausmacht. Und so kann es passieren, dass selbst eine märchenhafte Erzählung, die sich vor langer Zeit abgespielt haben soll und von einem aussterbenden Mönchsorden mit begnadeten Lichtschwertkämpfern handelt, sowie heilige Texte, die in uralten Büchern festgehalten sind,– wie in Episode IX beschrieben wird – zu Science-Fiction werden, wenn man – um die Worte des großen *Star Wars*-Experten Noah Berlatsky zu gebrauchen – »diese *Star Wars* nennt«.

»DIE TOTEN SPRECHEN!«

WAS GEHÖRT ZUR *STAR WARS*-SAGA?

»Die Toten sprechen! In der Galaxis war eine mysteriöse Übertragung zu hören, die Androhung von Rache durch die düstere Stimme von Imperator Palpatine …« – mit diesen Worten beginnt die bis dato letzte Folge der Skywalker-Saga. Und tatsächlich: In Episode IX ist der schreckliche, machtbesessene Imperator Palpatine, der in Episode VI von Darth Vader in den Reaktorkern des Todessterns und damit in den vermeintlichen Tod gestürzt wurde, plötzlich wieder am Leben. Über die Auferstehung des damals in blauen Rauch aufgegangenen Bösewichts freute sich bei den Fans allerdings kaum jemand. Vielmehr reagierte das Publikum mit Protest, der sich in erster Linie gegen den Regisseur des finalen Teils der Sequel-Trilogie, J. J. Abrams, richtete. Natürlich wäre es schade gewesen, wenn Palpatine, der in den ersten sechs Episoden eine äußerst wichtige Rolle gespielt hatte, in der Sequel-Trilogie überhaupt nicht mehr zu sehen gewesen wäre, aber das galt natürlich umso mehr für Anakin/Darth Vader.

Zumindest für die Hardliner unter den Fans war klar, dass die Auferstehung des Imperators Ausdruck der vielen Ungereimtheiten, Ungenauigkeiten und vor allem der mangelnden Kohärenz der Sequel-Trilogie war. Ein Tiefpunkt einer Entwicklung, die sich in geringerem Ausmaß bereits in der Prequel-Trilogie abgezeichnet hatte. Manche gingen sogar so weit, den beiden letzten Episoden ihre legitime Zugehörigkeit zur *Star Wars*-Saga abzusprechen. Sie verstanden sich dabei als Beschützer einer »galaktischen« Orthodoxie, als Hüter des »wahren« *Star Wars*-Kanons, der für viele eine absolute Autorität darstellte, was dadurch noch verstärkt wurde, dass nur innerhalb des Kanons Identitätsstiftung und Heil möglich zu sein schienen. Solche Kanon-Streitigkeiten sind keine Besonderheit des *Star Wars*-Universums.

Markion, Mike J. Nichols und die Kanonbildung

Markion war ein Christ, der im 2. Jh. n. Chr. gelebt hat. Er war vermutlich Sohn eines Bischofs und möglicherweise selbst Bischof. Bekannt wurde Markion, weil er als Erster versuchte zu definieren, welche Schriften Teil des christlichen Neuen Testamentes sein sollten und welche nicht. Von der Einzigartigkeit des christlichen Heilands, Jesus, überzeugt, lehnte er den jüdischen Glauben vehement ab. Aus diesem Grund akzeptierte er kein einziges Buch der hebräischen Bibel, des heutigen Alten Testaments, und auch von den Evangelien sprach er nur dem Lukasevangelium Rechtmäßigkeit zu. Doch selbst das mit der Einschränkung, man müsse alle Texte streichen, in denen das ihm verhasste Wort »Israel« vorkam. Ansonsten hielt Markion nur noch an einigen Paulusbriefen fest, wobei er auch hier alle Bezüge zum Judentum eliminierte. Die Reaktionen seiner Zeitgenossen waren gespalten, was nicht zuletzt darin sichtbar wird, dass die frühe Kirche beinahe 300 Jahre brauchte, um die Vorstellungen Markions kategorisch zu verwerfen und einen autoritativen Kanon für das Neue Testament festzulegen.

Das Wort »Kanon« stammt aus dem Hebräischen und bedeutet zunächst »Rohrstab« bzw. im übertragenen Sinne »Maßstab«. Seit Mitte des 4. Jh. n. Chr. haben kirchliche Autoren Bücher, die von der Kirche anerkannt waren, als »kanonisch« definiert. »Kanon« bezeichnete dabei sowohl die Sammlung der Texte als auch die Wertung dieser Bücher als Heilige Schriften. Die Zusammensetzung der neutestamentlichen Sammlung war zwischen dem 5. und dem 6. Jh. n. Chr. abgeschlossen, wobei als wesentlich für die Aufnahme in den Kanon die apostolische Autorität galt; d.h. die Schriften mussten aus der Tradition der Jünger Jesu stammen. Sie mussten außerdem in ihrem Umfeld als »heilig« gelten und bereits innerhalb der Gemeinden zum Beispiel im Gottesdienst eingesetzt worden sein. Der Prozess der Kanonbildung war also langwierig und alles andere als einfach. Markion hatte den Prozess zwar angestoßen, mit seiner hitzigen und undiplomatischen Art aber sicher nicht zu einem angemessenen Abschluss beigetragen.

Der Markion von *Star Wars* hieß Mike J. Nichols. Er war ein großer Fan von *Star Wars* und reagierte tief betroffen, als 1999 Episode I erschien, also die erste jener drei Episoden (Prequel), die der klassischen Trilogie im Nachhinein vorangestellt wurden. Ähnlich wie einst Markion reagierte er, indem er aus Episode I all das eliminierte, was seiner Meinung nach nichts im *Star Wars*-Universum verloren hatte. So durfte beispielsweise der junge Anakin weder »*Yahoo*« noch »*Jipiie*« schreien. Alle Szenen, in denen Jar Jar Binks vorkam, wurden ersatzlos gestrichen, ebenso sämtliche Ausführungen von Qui-Gon Jinn über die Midi-Chlorianer; denn sowohl Jar Jar Binks mit seiner absurden Komik als auch die Erwähnung der Midi-Chlorianer-Werte, mithilfe derer die Stärke der Macht im jungen Anakin erklärt wurde, waren für Mike J. Nichols und viele andere Fans realitätsfern und somit unwürdig, einen Platz in der *Star Wars*-Galaxis einzunehmen. Er schnitt den Film daher kurzerhand selbst und erzeugte dabei eine um 18 Minuten kürzere Fassung, die als *Star Wars: the Phantom Edit* in die Annalen eingegangen ist.

Zwischen Denzinger und Holocron

Die Diskussion um den Kanon, um den roten Faden, der sich durch die ganze Saga zieht und damit bestimmt, was zum *Star Wars*-Universum gehört, hatte längst vor den Reaktionen auf *Die dunkle Bedrohung* (Episode I) begonnen. Im Herbst 1994 erschien im ersten Heft der Zeitschrift *Star Wars Insider* ein Beitrag, dessen Autor sich bemühte, Ordnung in die damals bereits ausufernden *Star Wars*-Welt zu bringen. Neben den drei Filmen der klassischen Trilogie gab es inzwischen schon mehrere Romane, Novellen, Erzählungen und Comics, welche die ursprüngliche Geschichte von George Lucas weiterentwickelten und für die Fans schwer einzuordnen waren. Viele *Star Wars*-Puristen wollten nichts von Jacen und Jaina Solo, den ersten Kindern von Han Solo und Prinzessin Leia, oder von Mara Jade, die Luke Skywalker geheiratet haben soll, wissen.

Andererseits hatte George Lucas niemals ein Verbot ausgesprochen, *Star Wars* fortzuschreiben, und auch die meisten Fans teilten die (gemäßigte) Ansicht, Erweiterungen in der Erzählung nach vorne oder nach hinten zuzulassen, sofern sie im Einklang mit den ursprünglichen Erzählungen standen. Wenn eine Figur gestorben war, durfte sie also in einer späteren Erzählung nicht wieder vorkommen, ohne dass es dafür eine überzeugende Erklärung gab. Diese erste – und lange Zeit einzige – Kanon-Regel war daher auch der Grund, warum Episode IX mit der nicht wirklich plausiblen »Auferstehung« von Imperator Palpatine für viele nicht Teil des Kanons sein durfte.

Wie schon Markion in den ersten Jahrhunderten der Kirche dafür gesorgt hatte, dass die Diskussion um den richtigen Kanon überhaupt erst in Gang kam, waren die Reaktionen der Fans auf Episode IX, zuvor aber bereits auf Episode I und *Star Wars: the Phantom Edit* dafür (mit-)verantwortlich, dass George Lucas entschied, einen offiziellen Kanon zu definieren und jene Romane und Comics, die dazugehörten, mit dem Lucasbooks-Logo zu kennzeichnen. Etwa zeitgleich wurde im Jahr 2000 Leland Chee, der zuvor als Textprüfer für Lucas gearbeitet hatte, zum Leiter einer neuen Abteilung bestellt, die dafür zuständig war, eine Database zu erstellen und zu betreuen, in der sämtliche kanonische Bestandteile des *Star Wars*-Universums gesammelt werden sollten.

Dieser digitale, geschützte und zugleich der Öffentlichkeit nicht zugängliche Speicher trägt den Namen Holocron. Im *Star Wars*-Universum bezeichnet dieses Wort einen Jedi-Artefakt, in dem die gesamte Weisheit und das gesamte Wissen des Ordens aufbewahrt werden. In der Tat handelt es sich beim »realen« Holocron um eine Art *Enchiridion Symbolorum* der *Star Wars*-Saga. Dieses Werk ist in der deutschen (katholischen) Theologie besser als »Denzinger«, nach dem ersten Herausgeber, dem Theologie-Professor Heinrich Denzinger, bekannt und beinhaltet weit mehr als einen Kanon der autoritativen Schriften: Der Denzinger ist eine handbuchartige Sammlung der wichtigsten Glaubensbekenntnisse und kirchlichen Lehrentscheidungen. Die 45. und derzeit letzte Ausgabe mit den neuesten Dokumenten von Papst Franziskus umfasst knapp 2000 Seiten. Das Holocron seinerseits besteht mittlerweile aus mehr als 80.000 digitalen Einträgen. Beide sind wichtige Instrumente der Kanonbildung, die zwar nicht eine fertige Sammlung der offiziellen Schriften darstellen, sehr wohl aber aussagen, dass ein Dokument bzw. ein Element, das nicht aufgenommen wurde, eben nicht zum Kanon gehören kann.

Star Wars – die Kanonfrage bleibt offen

Ein Kanon verkörpert eine bestimmte Autorität, er schafft Identität nach innen und nach außen und setzt dabei meist unveränderbare Tatsachen, was bedeutet, dass man sich mit den vom Kanon gezogenen Grenzlinien abfinden muss, wenn man Teil der Gemeinschaft und ihrer Orthodoxie bleiben will. Daher stellt gerade der Kanon häufig die erste Ursache für Schismen, also Spaltungen innerhalb einer Glaubensgemeinschaft, dar. Das war bereits im frühen Christentum so (Markion und seine Anhänger wurden aus der Kirche ausgeschlossen) und ist auch in der Welt von *Star Wars* so geblieben. Ein Kanon ist eben ein wichtiger Machtfaktor und daher kam es, wie es kommen musste: Wirtschaftliche Interessen begannen die inhaltliche Diskussion zu dominieren. Doch der Reihe nach.

Für *Star Wars* existierten anfangs mehrere Kanons, die Spannungen zueinander aufwiesen. Dieses Phänomen ist auch im frühen Christentum bekannt. Daher legte Papst Innozenz I. im Jahr 406 n. Chr. alle 27 Schriften des Neuen Testamentes fest, die auch heute noch Bestandteil der Bibel sind. Zum endgültigen Abschluss kam die in der Auseinandersetzung mit Martin Luther und seiner Schriftkritik erneut aufgebrochene Kanon-Debatte allerdings erst mit dem Konzil von Trient im Jahr 1546.

Das *Star Wars*-Universum seinerseits kannte bis zur Übernahme durch Disney unterschiedliche Kanon-Zusammensetzungen mit je unterschiedlichen Stufen von Autorität.

Der wichtigste und autoritativste Kanon war der G-Kanon, auch George-Lucas-Kanon, der die ersten sechs Episoden der Skywalker Film-Saga umfasst sowie deren Drehbücher und Skripts, aber auch jede Aussage, die jemals von George Lucas im Zusammenhang mit *Star Wars* getätigt wurde. Skurril ist dabei eine Holocron-Eintragung zu einem vermeintlichen Skywalker-Wein, den George Lucas bei einer *Star Wars*-Convention (Celebration V) im August 2010 scherzhaft im Gespräch mit Francis Ford Coppola erwähnt haben soll. Der Skywalker-Wein, der im Unterschied zum Vistulo-Wein, dem Lieblingsgetränk von Han Solo, in der Saga nirgends vorkommt, wurde allein deshalb kanonisch, weil Lucas davon gesprochen hatte. Ja, George Lucas hatte innerhalb seines eigenen Kanons beinahe uneingeschränkte Autorität und konnte so auch einfach Änderungen vornehmen, was beim Kanon der katholischen Kirche nicht einmal dem Papst möglich ist!

Daher auch folgender Fall: Im Remake von Episode IV aus dem Jahr 1997 wollte Lucas den mittlerweile zu einem beliebten Helden gewordenen Han Solo in ein besseres Licht rücken. Im ersten Film agierte Han noch als ziemlich skrupelloser Schurke, was aber weder zu seiner Love-Story mit Prinzessin Leia noch zu seiner damals unvorhersehbaren Beliebtheit passen sollte. Lucas veränderte kurzerhand das Image von Han Solo und ließ Greedo in der berühmten Szene in der Mos Eisley Cantina auf Tatooine einen Schuss aus seiner Laserwaffe abfeuern, bevor dieser – wie in der ersten Fassung – von Han Solo erschossen wurde. In der Urfassung von 1977 hingegen saß Han Solo in der Cantina gegenüber dem grünen rodianischen Kopfgeldjäger und erschoss ihn kaltblütig.

Han Solo wurde dem Publikum als ein unbarmherziger und respektloser Killer vorgestellt. Obwohl sich die Hardliner unter den *Star Wars*-Fans noch heute über das »*Han shot first*« (Han schoss zuerst) einig sind, wurde die Version aus dem Jahre 1997 kanonisch, in der er aus Notwehr tötete.

Der zweitwichtigste Kanon ist der T-Kanon (Television Kanon), der – immer noch mit George Lucas als Autorität – vor allem die Zeichentrick-Serien und die zwei Spin-off-Filme *Rogue one* und *Solo* umfasst.

Die *Star Wars*-Welt besteht mittlerweile aber nicht mehr nur aus Filmen und Fernsehserien, sondern aus einer einigermaßen unüberschaubaren Menge an Romanen (auf Deutsch sind es mehr als 300, auf Englisch inzwischen über 1000), Erzählungen, Comics und zum Teil auch Rollenspielen und Video-Games. Sofern diese Werke das offizielle Logo der Firma von George Lucas bzw. nun das Disney-Logo tragen, sind sie Teil des sogenannten C-Kanons (Continuity Kanon). Diese drei Sammlungen gelten als die wichtigsten, Holocron-Boss Leland Chee bezeichnete sie einmal sogar als Bestandteile der einzigen »*one overall continuity*« des *Star Wars*-Universums.

Neben dem G-, T- und C-Kanon existiert noch der S-Kanon (Sekundärer Kanon), in den alle Publikationen und Games aufgenommen werden, die dem offiziellen Kanon nicht widersprechen, dessen Narrative aber auch nicht weiterführen, sowie den D-Kanon, der *ad hoc* für die nie veröffentlichte Zeichentrickserie *Star Wars Detours* geschaffen wurde. Und schließlich gibt es eine beeindruckende Sammlung von sehr unterschiedlichen Werken, sozusagen den Apokryphen des *Star Wars*-Universums, welche die Kriterien für keine der genannten Sammlungen erfüllen und daher in einem N(icht)-Kanon zusammengefasst werden.

Am 25. April 2014 dann, nachdem das *Star Wars*-Copyright an Disney verkauft worden war, wurde auch die Kanonfrage anders geregelt. Der alte Kanon, der knapp 35 Jahre lang bestanden hatte und für unzählige, durchaus bereichernde Diskussionen gesorgt hatte, wurde durch ein neues System ersetzt. Seither gibt es laut Disney nur noch einen einzigen Kanon. In dieser Sammlung sind die sechs Lucas-Filme (Episode I–VI) und die Sequel Trilogie (Episode VII–IX) zusammengefasst, außerdem die Spin-Off-Filme (*Solo* und *Rogue One*), die vier Zeichentrickserien (*The Clone Wars, Rebels, Resistance* und *The Mandalorian*) sowie eine ganze Reihe Bücher, die das Disney-Logo tragen. Diese neue Sammlung wurde gewissermaßen über Nacht zur »*Star Wars*-Bibel«. Alles andere zählt seitdem zu den sogenannten »Legends«. Es handelt sich dabei um *Star Wars*-Material, das zum erweiterten Universum gehört und, um auch in diesem Kontext die bibelwissenschaftliche Terminologie zu gebrauchen, als apokryphe *Star Wars*-Schriften bezeichnet werden könnte.

An diesem Beispiel lässt sich schön sehen: Die Bildung eines Kanons beruht auf bestimmten Kriterien, die einerseits die Debatten rund um die Definition des »richtigen« Kanons widerspiegeln, aber auch auf Kompromisse verweisen. Weder im Fall der Bibel noch im Fall von *Star Wars* sind diese Kriterien eindeutig und so ist es aus inhaltlicher wie aus historischer Sicht schwierig zu erklären, weshalb beispielsweise frühchristliche Schriften wie die *Didache* oder der *Klemensbrief*, die heute allen Kriterien der Kanonizität entsprechen, nicht »kanonisch« geworden sind, während Teile der *Offenbarung des Johannes* sowie die Petrusbriefe, auf die das weniger zutrifft, in den Kanon aufgenommen wurden.

Ähnliche Fragen stellen sich für *Star Wars*. Dabei geht es nicht nur um Detailfragen wie die bereits besprochene Han-shot-first-Frage, sondern auch um grundlegende Fragen wie die Kanon-Zuweisung von Episode VIII und IX, die viele Puristen am liebsten ungeschehen machen würden. Und weil Disney – im Unterschied zum Papsttum – für viele Fans keine rechtmäßige Autorität darstellt, sondern als kommerzielle Firma wahrgenommen wird, die lediglich ihre eigenen Interessen verfolgt, ist die Diskussion darüber, was zum *Star Wars*-Universum gehört und was nicht, wohl noch lange nicht abgeschlossen. Ein weiterer Grund dafür, dass die Kanon-Frage der Bibel kaum mehr jemanden interessiert, im Zusammenhang mit *Star Wars* aber nach wie vor hitzig geführt wird, dürfte das Interesse bzw. mangelnde Interesse sein, das den jeweiligen Werken entgegengebracht wird. Die Eintracht im kirchlichen Kontext ist daher nicht unbedingt als positives Zeichen zu deuten.

QUIZFRAGE 3

„SONNE, BLEIB STEHEN!"

Shmi oder Josua?

Wer kann den Gestirnen gebieten? Shmi ist eine Sklavin, die in der gesetzlosen Stadt Mos Espa auf dem Wüstenplaneten Tatooine lebt. Sie wird als liebevolle und selbstlose Frau dargestellt. Die Geburt ihres Sohnes Anakin ist ein Mysterium, denn Shmi wurde schwanger, ohne mit einem Mann zusammen gewesen zu sein. Neun Jahre später spürt der Jedi-Meister Qui-Gon Jinn bei dem Jungen eine große Affinität zur Macht. Obwohl Shmi ihren Sohn nicht verlieren möchte, entscheidet sie sich für seine Ausbildung zum Jedi und damit zugleich für seine Befreiung aus der Sklaverei. Um ihren kleinen Sohn zu ermutigen, mit Qui-Gon mitzugehen, sagt sie: „Du kannst Veränderungen nicht aufhalten […], genauso wenig, wie du die Sonnen daran hindern kannst, unterzugehen."

Für Shmi ist also klar, dass man den Lauf der Gestirne nicht beeinflussen kann. Nicht so dem israelitischen Führer Josua, der nach einem Kampf gegen die Amoriter die Sonne anhält, damit der Sieg noch vor Einbruch der Dunkelheit besiegelt werden kann. Der Befehl „Sonne, bleib stehen!" kommt also nicht in der *Star Wars*-Saga vor, sondern im Josuabuch (Josua 10,13).

„Josua" ist die richtige Antwort.

DIE KLASSISCHE TRILOGIE: EXEGESE AUSGEWÄHLTER THEMENFELDER

»Exegese« kann man unterschiedlich definieren. Zum Beispiel als die Kunst, dem vorliegenden Text die richtigen Fragen zu stellen. Wenn man nämlich die falschen Fragen stellt, erhält man – mehr oder weniger – unbrauchbare Antworten. So ist es beispielsweise sinnlos, die biblischen Texte auf die Frage hin zu untersuchen, wie die Welt entstanden ist. Denn die Schöpfungserzählungen der Genesis entsprechen nicht dem, wovon wir heute – unter Berufung auf die Evolutionstheorie – überzeugt sind, und sie wollen auch nicht (primär) naturwissenschaftliche Erkenntnis vermitteln. Ähnlich unsinnig wäre es, die *Star Wars*-Saga nach der Beschaffenheit des Universums vor dem Big Bang zu fragen oder ob es möglich sei, schneller als das Licht zu fliegen.

Ziel der Exegese ist es, den Lesern einen Text zugänglich zu machen. Das geschieht über die historischen Kenntnisse der Entstehungszeit des Textes, wie sie in den Einleitungsfragen behandelt wurden, aber auch über Aufbau, Strukturmerkmale und Motive der Texte.

»NUR EIN EINZIGES MAL MÖCHTE ICH DICH MIT MEINEN EIGENEN AUGEN SEHEN.«

VERSÖHNUNG IST FAMILIENGESCHICHTE

Die Protagonisten von *Star Wars* sind, ähnlich wie die Protagonisten der biblischen Erzählungen, keine realen Menschen. Sie haben darum auch keine »echte« Persönlichkeit. Man weiß nicht, woher sie stammen oder was sie, abgesehen von ihrem Auftritt in der Erzählung, sonst noch getan haben. Im Lauf der Geschichte werden meist nur jene Elemente entwickelt, die für das literarisch inszenierte Drama wesentlich sind. Diese Reduktion von Komplexität führt dazu, dass das Publikum ein größeres Identifikationspotenzial entwickelt und mit den Charakteren mitfühlen kann. Mehr noch: In der zeitgenössischen Medien- und Filmwissenschaft geht man davon aus, dass die Empathie umso stärker ausgeprägt ist, je klarer sich Muster erkennen lassen, die zur eigenen Lebenserfahrung passen.

Das Motiv der inneren Zerrissenheit und des Kampfes um ein höheres Gut ist ein solches Muster, das zugleich mit dem persönlichen Erleben der meisten Menschen korrespondiert sowie als eine Art Sinnbild für die menschliche Existenz verstanden werden kann. Von daher überrascht es nicht, dass dieses Motiv sowohl in *Star Wars* als auch in der Bibel Anwendung findet. Darth Vader, der in seinen jungen Jahren als Anakin Skywalker der mächtigste Jedi der Galaxie war, dann der Faszination der dunklen Seite der Macht nicht widerstehen konnte und sich im Todeskampf nichts anderes wünscht, als seinen Sohn, den er jahrelang erbittert bekämpft hat, noch einmal mit seinen eigenen Augen sehen zu können, ist die wohl extremste »Gestalt-Werdung« dieses Motivs.

Die biblischen Erzeltern und ihre Familiengeschichte

Auch die Bibel erzählt Familiengeschichte. So steht die Erzählung von den Erzeltern programmatisch am Beginn der Bibel, im Buch Genesis. Sie folgt unmittelbar auf die sogenannte Urgeschichte, die mit der Erschaffung der Welt beginnt und mit der Episode vom Turmbau zu Babel endet. Die Erzelternerzählung erstreckt sich über vier Generationen. Am Anfang zeugt Abraham mit seiner Frau Sarah einen Sohn, Isaak, der später Rebekka, eine entfernte Verwandte, heiratet. Die beiden bekommen Zwillinge, Esau und Jakob, wobei die Aufmerksamkeit des Erzählers in dieser dritten Generation vor allem Jakob gilt, der nacheinander zwei Schwestern heiratet: die schielende, hässliche Lea und die schöne Rachel. Da er sowohl mit seinen beiden Frauen als auch mit deren zwei Mägden, Silpa und Bilha, Kinder zeugt, besteht die vierte Generation in der Tradition Jakobs schlussendlich aus zwölf Söhnen und einer Tochter.

Die Geschichte entspinnt sich in einem Strudel von tiefen Verletzungen und enttäuschten Hoffnungen, deren zentrales Element stets die problematische Beziehung zwischen Vater und Sohn ist. Überhaupt läuft auf der Beziehungsebene einiges schief: Abraham ist entschlossen, die Befehle Gottes zu befolgen, und wäre sogar bereit, seinen Sohn Isaak als Opfergabe zu töten. Überhaupt scheint Abraham sich seinen Söhnen gegenüber nicht besonders empathisch zu verhalten, hatte er kurze Zeit zuvor bereits eingewilligt, Ismael, den Sohn, den er mit Hagar, der ausländischen Magd seiner Frau, gezeugt hatte, dem sicheren Tod in der Wüste zu überlassen.

Etwas verantwortungsbewusster geht dann Isaak mit seinen Kindern um, die eindeutige Bevorzugung von Esau, die vermutlich bei beiden Brüdern auch psychische Probleme verursacht hat, gipfelt allerdings im Streit der Zwillinge um den väterlichen Segen. De facto verursacht dieser das Auseinanderbrechen der Familie, denn nachdem Jakob seinen Vater betrogen hat, muss er fliehen. Er wird weder seinem Vater noch seiner geliebten Mutter noch einmal zu Lebzeiten begegnen.

Ein Lerneffekt tritt bei ihm nur sehr zeitverzögert auf, denn zunächst gelingt es ihm ganz und gar nicht, mit den Spannungen zwischen seinen vier Frauen und den gemeinsamen Kindern umzugehen. Vielmehr scheint sich das Motiv der unbegründeten Bevorzugung fortzusetzen und erfährt schließlich nicht aufgrund der Intervention des Vaters eine Lösung, sondern weil Juda, einer der Brüder, bereit ist, die eigenen Interessen zurückzustellen und sein Leben für den jüngsten Bruder Benjamin, Jakobs Lieblingssohn, zu opfern. Erst als der von den Brüdern Jahre zuvor als Sklave verkaufte Josef erkennt, dass Juda eine innere Wandlung durchgemacht hat und bereit ist, alles zu tun, um dem Vater weitere Schmerzen zu ersparen, kann er seinen Brüdern verzeihen und begreift zugleich, welchen Anteil er an der Familientragödie hatte, weil er die Rolle als Lieblingssohn gedankenlos ausgekostet hatte.

Jakob und Anakin: Väter unter sich

Der Moment der Erkenntnis, der Versöhnung und des Sich-Zeigens von Josef wird für seinen Vater Jakob zu einem unerwarteten Wiedersehen. So sagt er, dessen Name inzwischen von einem Engel in »Israel« geändert worden war, kurz vor seinem Tod zu Josef: »Ich habe nicht mehr geglaubt, dich jemals wiederzusehen!« (Gen 48,11). Diese Worte erinnern frappierend an die Worte von Darth Vader, der sich kurz vor dem Tod endlich mit seinem Sohn versöhnt und sich nichts sehnlicher wünscht, als diesen noch einmal mit seinen eigenen Augen sehen zu können. Auch sein Name war von einer pseudo-göttlichen Gestalt, wie die Engel in der Bibel, geändert worden. Die väterliche Liebe ist schlussendlich größer als seine Entscheidung für die dunkle Seite der Macht. In dem Moment, in dem sich sein Sohn Luke wehrlos und authentisch dem in der Gestalt vom Imperator Palpatine präsenten Bösen entgegenstellt, erkennt Darth Vader seinen Fehler. So rettet er seinen Sohn, indem er seinen dunklen Meister in den Reaktorkern des Todessterns stürzt und sich dafür entscheidet, seinen lebenserhaltenden Panzer abzulegen, denn: »Nur ein einziges Mal möchte ich dich mit meinen eigenen Augen sehen.«

Die Geschichte von Anakin und Luke Skywalker kann auf vielfache Weise als Aktualisierung der biblischen Erzelternerzählung verstanden werden. Das bedeutet nicht, dass die verschiedenen Szenen bis ins Detail miteinander korrespondieren müssten. Es sind vielmehr die menschlichen Grunderfahrungen und das mystische Erleben. So entspricht die Vater-Sohn-Beziehung zwischen Anakin und Luke in groben Zügen den Vater-Sohn-Beziehungen zwischen Abraham und Isaak, zwischen Isaak und Jakob und schließlich zwischen Jakob und seinen Söhnen Juda und Josef. Väter und Söhne entfernen sich voneinander und nähern sich wieder einander an, so lange, bis sie sich selbst finden. Die Auseinandersetzung mit dem eigenen Vater, der trotz aller Differenzen Vorbild und Liebesobjekt bleibt, wird in der biblischen Erzählung des Genesisbuches dreimal durchgespielt. In *Star Wars* kommt sie in dieser Intensität nur einmal vor. Ursprung, Abschluss und Grundmuster sind aber identisch.

Die Spannungen innerhalb der Familien können immer erst dann beendet werden, wenn es zumindest einer Person gelingt, aus der Spirale von Gewalt, Neid, Bevorzugung und Argwohn auszubrechen und einen anderen Weg einzuschlagen. Dabei stellt die Spannung zwischen der richtigen Entscheidung, die man treffen sollte, und der falschen Entscheidung, die de facto getroffen wird, innerhalb der Erzelterngeschichte ein wiederkehrendes Motiv dar.

In ähnlicher Weise stellt der Augenblick, in dem Luke auf Rache verzichtet, den entscheidenden Moment der Wende dar. Im finalen Kampf zwischen dem jungen und dem alten Skywalker weigert sich Luke, den besiegten Darth Vader zu töten. »Ich werde nie zur dunklen Seite gehören«, sagt er dem Imperator mit ruhiger und entschlossener Stimme und wirft sein Lichtschwert fort. Er hat begriffen, dass sich die Spirale der Gewalt nicht durch Gewalt beenden lässt und Gewaltlosigkeit, die aus tiefster Überzeugung kommt, stärker ist als alle Waffen der Welt. Für seine Überzeugung und für die Liebe zu seinem Vater nimmt er den eigenen Tod in Kauf und tatsächlich beginnt Palpatine auch sofort, den nun wehrlosen jungen Mann mit Machtblitzen zu beschießen. Diesmal aber kommt Darth Vader seinem Sohn zur Hilfe: Das Gute siegt.

Das Vater-Sohn-Motiv wird, wenngleich deutlich vereinfacht, noch einmal im Sequel in der Beziehung zwischen Han Solo und Kylo Ren aufgegriffen. Die Entfremdung von Kylo Ren auch von seiner Mutter Leia hat eine Entsprechung in der Geschichte Jakobs, der nach dem Streit mit seinem Vater Isaak auch die Beziehung mit seiner Mutter Rebekka für immer aufgeben wird.

Die verschiedenen Facetten und Formen der Versöhnung zwischen Vater und Sohn sind das bedeutendste Beispiel dafür, wie *Star Wars* biblische Narrative aktualisiert und weiterentwickelt. Es ist aber längst nicht das einzige.

Jesuanische Motive in *Star Wars*

Ein weiteres biblisches Narrativ, das *Star Wars* variiert, ist die jungfräuliche Empfängnis: Anakins Mutter Shmi auf Tatooine, einem Planeten am Rande der Galaxie, erinnert stark an Maria, die ihren Sohn Jesus jungfräulich empfangen haben soll und in Nazareth, einem Dorf am äußersten Ende des römischen Reiches, großgezogen hat. Sowohl die Geburt Jesu als auch die Geburt Anakins werden als Erfüllung einer alten Prophetie verstanden. Und so lassen sich weitere Parallelen zwischen dem Leben Jesu und Szenen in *Star Wars* ausmachen: Der Auftritt des zwölfjährigen Jesus im Tempel, wo er mit den Priestern in einen Disput tritt, findet sein Gegenstück in der Prüfung des jungen Anakins vor dem Jedi-Rat in Episode I. Die Selbstopferung von Obi-Wan Kenobi auf dem ersten Todesstern, aber auch die von Vize-Admiral Holdo im Kampf gegen die Flotte der ersten Ordnung können als Realisierung des jesuanischen Liebesgebotes gedeutet werden. Und selbst das Massaker an den unschuldigen Kindern durch König Herodes wird in *Star Wars* aufgegriffen, wenn nämlich Anakin, unter dem Einfluss von Palpatine stehend, im Tempel der Jedi auf Coruscant die Jünglinge tötet. Und last but not least ist Palpatines Versprechen an den jungen Anakin nicht nur inhaltlich, sondern auch sprachlich von der biblischen Szene in der Wüste inspiriert, wo Jesus vom Teufel in Versuchung geführt wird.

Einen sprachlichen Bezug zur Himmelfahrt des auferstandenen Christus, aber auch zur apokalyptischen Idee des Menschensohnes, der über die Wolken schreitend auf die Erde zurückkehren wird, stellt der Familienname von Anakin und Luke her: Skywalker – »Himmelsgänger«. Die ebenso weisen wie scharfsinnigen Sprüche von Jedi-Meister Yoda lassen sich zu einem guten Teil in der weisheitlichen Literatur der Bibel, die Jesus ebenso gebraucht, wiederfinden. Auch die Tatsache, dass im Sequel nicht nur Finn, sondern auch Jannah und andere ehemalige Sturmtruppler desertieren und bereit sind, auf der Seite des Widerstandes ihr Leben zu opfern, lässt sich als Aktualisierung der paulinischen Heilsverheißung im fünften Kapitel des Briefes an die Römer verstehen: »Wo die Sünde mächtig wurde, da ist die Gnade übergroß geworden.« (Röm 5,20) Mit solchen und ähnlichen Motiven wird in *Star Wars* gespielt; die zentrale menschliche Grunderfahrung aber, die immer wieder aufgegriffen wird bzw. sich wie ein roter Faden durch die Saga zieht, ist die sich über mehrere Generationen erstreckende Sehnsucht nach Versöhnung.

Han Solo als junger David und ein Brudermord

Dass der Kampf der Rebellen-Allianz gegen das galaktische Imperium mit dem Motiv, das auch in der traditionellen Geschichte von David gegen Goliath vorkommt, spielt, ist offensichtlich. Andere Parallelen zwischen Bibel und *Star Wars* sind hingegen auf den ersten Blick nicht so leicht zu entdecken, so beispielsweise die ähnliche Biografie von Han Solo und dem jungen David. Ersterer wird dem Publikum zunächst als ruchloser Söldner und selbstbezogener Schmuggler vorgestellt, spricht in Episode IV aber doch mit voller Überzeugung und als Erster überhaupt die Worte: »Möge die Macht mit dir sein«. Später verliebt er sich in Prinzessin Leia. Auch David war zu Beginn seiner Karriere als Söldner tätig, anders als Han Solo wird er später zwar selbst König, doch auch er heiratet eine Prinzessin: Michal, aus dem Hause Sauls. Beide Helden werden mindestens einmal von ihren hochwohlgeborenen Herzdamen gerettet. Schließlich lässt sich im Kampf mit dem ersten Todesstern das berühmte – nicht nur in der Bibel vorkommende – Motiv des Kampfes David gegen Goliath erkennen: Der nach menschlichem Ermessen und mit menschlichen Kräften unbezwingbare Gegner kann dank einer besonderen überirdischen Gnade oder Fähigkeit überwältigt werden.

Die Genialität von George Lucas besteht darin, zentrale Schemata aus den biblischen Erzählungen zu entlehnen und sie auf eigenständige und kreative Weise weiterzuentwickeln, die dem Publikum neue Möglichkeiten zur Identifikation bietet.

Das ist auch bei seiner aktualisierten Darstellung des biblischen Bruderkampf-Motivs der Fall. In der Erzelternerzählung konkurrieren Kain und Abel gegeneinander, Esau und

Jakob und auch Josef und seine älteren Brüder. In *Star Wars* sind es Anakin und Obi-Wan Kenobi. Zwar sind sie keine leiblichen Geschwister, aber sie sind beide Jedi-Kämpfer und Padawane von Qui-Gon Jinn. In der Welt von *Star Wars* kommt die Jedi-Gemeinschaft einer Art neuer Familie gleich, die alle anderen verwandtschaftlichen wie freundschaftlichen Beziehungen ersetzt. Wenngleich Obi-Wan nach dem Tod von Qui-Gon die Ausbildung von Anakin übernimmt, gleicht ihre Beziehung ab Episode II immer mehr der von zwei Brüdern und dies wird auch bekräftigt: Nachdem Anakin sich von Palpatine zur dunklen Seite der Macht hat verführen lassen, meint Obi-Wan zu Yoda, dass dieser für ihn »wie ein Bruder war«. Nach dem epischen Duell auf dem Lavaplaneten Mustafar am Ende von Episode III wendet er sich noch einmal an Anakin selbst und bringt seinen Schmerz über den Verlust des anderen mit den Worten zum Ausdruck: »Du warst mein Bruder, Anakin! Ich habe dich geliebt!« Zu einer Versöhnung zwischen den beiden kommt es allerdings nicht mehr. Anakin verwandelt sich in Darth Vader, den Inbegriff des Bösen, während Obi-Wan sich weiterhin für die helle Seite der Macht aufopfert. Daher kann das Jedi-Brüderpaar, wenn es sich in Episode IV ein letztes Mal mit den Laserschwertern gegenübersteht, nur das Schema des ersten biblischen Bruderpaares erfüllen: Kain und Abel. Dialog und Verständnis sind unmöglich geworden, Kain – oder Darth Vader – sieht keine andere Möglichkeit mehr, als Abel – oder Obi-Wan – zu töten.

»ÜBER TAUSEND GENERATIONEN LANG SIND DIE JEDI-RITTER [...] DIE HÜTER DES FRIEDENS UND DER GERECHTIGKEIT [...]«

DIE JEDI ZWISCHEN TEMPELRITTERN, ESSENERN UND ZELOTEN

Obwohl der biblische Gott klare Vorstellungen bezüglich dessen zu haben scheint, was erwünschtes bzw. was unerwünschtes Verhalten ist und das Mose, dem Führer des Volkes Israel, am Berg Sinai auch in Form von zehn Geboten mitgeteilt hat, sind Juden und Christen grundsätzlich frei, sich an das göttliche Gesetz zu halten. Dank der biblischen Offenbarung wissen die Gläubigen, was gut bzw. gottgefällig ist und was im Gegenteil zum moralischen wie existenziellen Niedergang führt, denn die Torah beschreibt unmissverständlich, welche tragischen Konsequenzen zu erwarten sind, wenn der Mensch sich dem göttlichen Willen entgegenstellt. Wer sich an die Gebote und Vorschriften der Bibel hält, kann also zwischen diesen beiden Möglichkeiten oder, wie es in Kapitel 30 des Deuteronomiums heißt, zwischen Segen und Fluch wählen.

Auch im *Star Wars*-Universum sind alle Akteure grundsätzlich frei. Sie finden sich aber in einem Spannungsfeld zwischen zwei gegensätzlichen Kräften wieder, die einen gemeinsamen Ursprung haben und daher schwer zu unterscheiden sind. Die eine wird als »helle Seite der Macht« definiert, die andere als die »dunkle Seite« der(selben) Macht. In der stark dualistisch geprägten Welt von *Star Wars* stehen sich diese beiden Pole in einem ständigen Kampf gegenüber, wobei die helle Seite zu Gemeinschaft und Solidarität befähigt, die dunkle Seite hingegen von jenen Individuen realisiert wird, die ohne Rücksicht auf andere nur für sich selbst Erfolg und Ehre anstreben.

Die ideale Situation ist in der Galaxie dann erreicht, wenn sich – so eine alte Jedi-Prophezeiung – beide Seiten der Macht im Gleichgewicht befinden.

Die Sympathie für die helle Seite der Macht und die Jedi

Dieser philosophisch durchaus reizvolle Gedanke wird allerdings nicht konsequent weitergeführt: Das Gros der Narrative nämlich, die in den drei *Star Wars*-Trilogien sowie in den zahlreichen anderen Publikationen und Spin-off-Filmen entwickelt wurden, beeinflusst das Publikum dahingehend, dass es für die helle Seite Partei ergreift und die dunkle Seite als diabolisch wahrnimmt. Dadurch entsteht wiederum eine größere Nähe zur Bibel, wo der Einzelne zwar theoretisch frei ist, dabei aber immer klar ist, wann es sich um die »richtige« und wann um die »falsche« Entscheidung handelt.

In dieser Schwarz-Weiß-Logik trauern *Star Wars*-Fans selbstverständlich um Obi-Wan und sind zugleich voller Bewunderung für den alten Jedi-Meister, wenn er im Kampf gegen Darth Vader in Episode IV sein Leben opfert, damit sich seine Freunde in Sicherheit bringen können. Doch in dem Augenblick, in dem Anakin, nachdem er sich der dunklen Seite zugewandt hat, bei lebendigem Leib zu verbrennen scheint, empfindet der Zuschauer eine Art Genugtuung, da das qualvolle Verbrennen als eine viel angemessenere Strafe gesehen wird als ein schneller Tod. Schließlich hat Anakin zu diesem Zeitpunkt bereits große Schuld auf sich geladen: Er hat sich von Palpatine in Versuchung führen lassen, hat seine schwangere Geliebte, die ihm noch ein verzweifeltes »Ich liebe dich!« zugerufen hatte, beinahe erwürgt und die Jünglinge, die ihm vertraut hatten, ermordet.

Wenngleich also im Hintergrund der *Star Wars*-Saga die Idee vom Gleichgewicht der Macht steht und insofern der Triumph nur einer Seite, selbst wenn es die gute ist, keine wirklich sinnvolle Lösung sein kann, schlagen die Herzen der Fans klar für jene Charaktere, die für die helle Seite der Macht kämpfen. Das dürfte unter anderem daran liegen, dass diese Seite von einer Gruppe von Individuen vertreten wird, die sich als uneingeschränkte Sympathieträger eignen. Sie stammen aus unterschiedlichen Sternensystemen, sind bunt, multikulturell und haben sich von demselben edlen Ideal geleitet zu einer Gemeinschaft zusammengefunden. Sie agieren zielgerichtet, setzen auf konstruktive Lösungen, sind gelehrig und leistungsorientiert, zugleich aber auch besonnen, solidarisch, opferbereit und weise. Ihr Leben gründet auf Armut und Ehelosigkeit. Sie bilden kleine Gruppen, die auf einer starken Vater-Sohn-Beziehung zwischen dem Ausbilder – Meister oder Ritter – und dem auszubildenden Padawan beruhen und jederzeit bereit sind, im Dienst der Allgemeinheit schwierige Aufgaben zu übernehmen.

Diese Personen werden in *Star Wars* »Jedi« genannt. Was das Wort genau bedeutet, lässt sich nicht sagen. Der bloße – von manchen vorgeschlagene – Rückgriff auf den japanischen Begriff *jidai-geki*, der historische Samurai-Filme bezeichnet, würde viel von der mythischen Anziehungskraft des Jedi-Ordens nehmen, obwohl es bekannt ist, dass Lucas ein großer Bewunderer des japanischen Regisseurs Akira Kurosawa ist. Denkbar wäre vielmehr eine Verballhornung aus dem hebräischen Wort *yehudim*, das jüdische Organisationen ähnlich der Haganah bezeichnet, deren Mitglieder sich in den 1960er- und 1970er-Jahren in Israel dem intensiven Studium der Torah einerseits und der bewaffneten Verteidigung des Staates andererseits widmeten. In jedem Fall sind Jedi immer zu zweit unterwegs, wie es auch Jesus seinen Jüngern geboten hat. Ähnlich der jesuanischen Jüngergruppe gibt es auch in *Star Wars* weibliche Jedi wie Adi Gallia oder Depa Billaba, die sogar im Hohen Rat sitzen. Jedi führen ein meditatives Leben, das auf eine sehr alte – in ihren heiligen Büchern niedergeschriebene – Lebensform zurückgeht. Sie fühlen sich einem Kodex verpflichtet, der an die monastischen Regeln christlicher Ordensgemeinschaften erinnert, sind Meister der Kampfkunst, setzen diese aber – zumindest in der Theorie – nie um ihrer selbst willen ein, sondern immer nur, um die Gerechtigkeit wiederherzustellen.

Die Jedi – Tempelritter der fernen Galaxie

Die »Erfindung« des Jedi-Ordens kann rückblickend wohl als der entscheidende Geniestreich von George Lucas gewertet werden, der aus einer spannenden Science-Fiction-Geschichte eine weltberühmte Saga über den Sinn des Lebens und des Menschseins machen sollte. Genau genommen sind es der Jedi-Orden gemeinsam mit einem recht eigenartigen Wesen, das diesem spirituell vorsteht, die in dem erzählerisch zwar komplexen, an tiefgründigen Dialogen aber eher armen Narrativ der drei Trilogien Herzen und Verstand des Publikums für sich gewinnen. Bei dem eigenartigen Wesen jedenfalls handelt es sich um den alten, grünen, einer ansonsten nicht mehr aktiv in Erscheinung tretenden und auch nicht näher definierten Spezies angehörigen Jedi-Meister namens Yoda.

Mit seinen spitzen Ohren und seiner grammatikalisch falschen Redeweise verkörpert Yoda musterhaft die Figur des weisheitlichen Lehrers. Seine Sprüche haben einerseits einen theoretischen, philosophisch-theologischen Anspruch und sind andererseits stets praxisorientiert. Neben seiner Weisheit ist es vor allem sein Alter – Yoda stirbt mit 900 Jahren –, das als Garantie dafür gesehen wird, dass die Weisheit der Jedi fortbestehen kann. Das teilt auch Obi-Wan Kenobi dem jungen Luke Skywalker während seiner Ausbildung mit: »Über tausend Generationen lang sind die Jedi-Ritter in der alten Republik die Hüter des Friedens und der Gerechtigkeit gewesen, bevor es dunkel wurde in der Welt.«

In Episode IX bekommen die Zuschauer mit den Augen von Rey einen Einblick in den ersten Jedi-Tempel auf dem Planeten Ahch-To, wohin sich Luke Skywalker als letzter Vertreter des Jedi-Ordens ins Selbstexil zurückgezogen hat. Was Rey dort vorfindet, ist quasi wie in einem gut ausgestatteten Kloster aus dem europäischen Mittelalter: eine große Bibliothek. Eine Gruppe von einheimischen Frauen, die zur amphibischen Spezies der Lanais gehören und wie katholische Nonnen gekleidet sind, sorgen für die Ordnung im Tempel und das leibliche Wohl der Jedi. Am Ende der ersten Trilogie, in Episode III, allerdings findet die Jedi-Kultur ein vorläufiges Ende, denn der oberste Kanzler Palpatine hat die berüchtigte Order 66 ausgesprochen und somit die Vernichtung aller Jedi sowie die Zerstörung ihres Tempels befehligt. Nur wenige Mitglieder, unter ihnen Yoda und Obi-Wan Kenobi, überleben das Massaker.

Die Vernichtung des Ordens ist keine spontane Entscheidung des Tyrannen Palpatine, sondern folgt einem klaren politischen Plan, der an sich deutliche Parallelen zu einem realen historischen Ereignis zeigt: die Zerschlagung des Ordens der Templerritter im Jahr 1307 auf Befehl des französischen Königs Philipp IV., der Schöne genannt. Der Blick in die Geschichte ergibt an dieser Stelle auch deshalb Sinn, weil Lucas in einer ersten Fassung des Drehbuchs zur klassischen Trilogie die Jedi noch als »Templer« bezeichnet hatte. Noch eklatanter sind aber die inhaltlichen Analogien: So wie im 12. Jh. die Templer als erster Orden Mönchtum und Rittertum miteinander verbanden und zum bewaffneten Schutz der Jerusalemer Pilger gegründet worden waren, erscheinen auch die Jedi-Ritter. Wie die Mönche leben sie in eheloser Keuschheit, verzichten auf persönliche Besitztümer, üben sich in der Kunst der Mäßigung und darin, ihre Seele frei von Zorn und Rachegefühlen zu halten. Sie beten, meditieren, sind den »normalen Menschen« geistig überlegen und gelten als Meister des Schwertkampfes. Die Tempelritter im Mittelalter hatten zwar keine Laserwaffen, doch auch sie weihten wie die Jedi ihre Schwerter, indem sie einige Sätze aus dem Brief des Apostel Paulus an die Römer sprachen. Demzufolge sollte bzw. konnte der Kampf, den jeder Christ zu bestreiten hat, nur gewonnen werden. Die Werke der dunklen Seite wurden ablegt und »mit den Waffen des Lichts« gekämpft. Im übertragenen Sinn kämpften also schon die mittelalterlichen Tempelritter mit Lichtschwertern.

Zu Beginn von Episode IV haben nur wenige Jedi das von Palpatine beauftragte Massaker überlebt. Sie sind im Exil, die Verhältnisse in der Galaxie sind bedrückend, duster, es gibt kaum noch Hoffnung. Obwohl sie die heldenhaften Verteidiger von Frieden und Gerechtigkeit sind, scheinen die Jedi gegenüber dem grausamen Imperator Palpatine völlig machtlos. Und auch der ab Episode V spürbare Einfluss von Lawrence Kasdan und von Steven Spielberg, die beide von jüdischen Eltern abstammen, dürfte die Bibel als Hauptquelle der Imagination zusätzlich gestärkt haben.

Die Qumran-Essener als Vorbilder der Jedi

In der jüdischen Tradition gibt es einige Gruppierungen, die Ähnlichkeiten zu den Jedi aufweisen. Als Vorbilder für die weiß gekleideten Jedi-Mönche kommen da zunächst einmal die Essener in Frage, die man aus den Berichten des jüdischen Historikers Josefus Flavius und vor allem aus den sogenannten »sektiererischen Texten« aus den Qumran-Höhlen in der judäischen Wüste östlich von Jerusalem kennt. Die dramatische Situation zu Beginn von Episode IV beschreibt mit einer verblüffenden Ähnlichkeit die Lage, in der sich ihrerseits auch die Qumran-Gruppe befunden haben dürfte, als zwei ihrer zentralen Texte niedergeschrieben wurden: die Kriegsrolle und die Gemeinderegel. Die Söhne der Finsternis, so erfährt man darin, greifen die Söhne des Lichts an, und zwar unter der Leitung ihres Führers, der den Namen Belial trägt, was später eine Bezeichnung für den Teufel sein wird. Den Söhnen des Lichts gelingt es kaum, sich zu verteidigen, da sie zum einen in der Unterzahl sind, zum anderen aber verraten wurden; der Anführer der Feinde war früher einmal einer von ihnen. Diesbezüglich könnte man Darth Vader, der ursprünglich als Jedi ausgebildet wurde, als Verkörperung des qumranischen Belial sehen, der sich von der dunklen Seite hat verführen lassen und nun gegen seine ehemaligen Mitstreiter auf der hellen Seite der Macht kämpft.

Belials Verrat machte aus ihm einen bevorzugten, ja auserlesenen Agenten des Teufels, der – so waren die Gläubigen überzeugt – mit der schier unbesiegbaren Weltmacht der damaligen Zeit im Pakt stand. Für die Autoren der Qumran-Schriften heißen diese übermächtigen Gegner »Kittim«, was ein Code-Word war, um das Römische Reich zu bezeichnen. Auch im *Star Wars*-Universum sind es ein Imperium und sein Imperator, die als ebenso unbezwingbare und unerbittliche Widersacher des Widerstandes in Erscheinung treten. Die Parallelen zwischen Jedi und Essenern gehen aber noch weiter: Obi-Wan und Yoda, die als einzige bekannte Überlebende aus dem von Palpatine beauftragten Massaker hervorgegangen sind, bilden den »heiligen Rest« und werden zusammen mit dem neuen Auserwählten, Luke Skywalker, für die Wiederherstellung der Gemeinschaft sorgen. Der ursprünglich genuin »jüdische Rest-Gedanke« wurde übrigens nicht nur von George Lucas, sondern schon von Jesus aufgegriffen, wenn er seine wenigen Jünger in der Bergpredigt darauf einschwört, wie Salz für den Teig zu sein. In *Star Wars* kommt dann ein anderes Bild zum Einsatz, dessen Ursprung ebenso biblisch ist: »Wir sind der Funke, der das Feuer entfacht!«, bekennt

Poe Dameron, als er erkennt, dass der letzte noch lebende Jedi, Luke Skywalker, bereit ist, sich zu opfern, um damit dem Widerstand die nötige Zeit zur Flucht zu verschaffen.

Eine weitere Parallele zwischen Jedi und Essenern besteht auf struktureller Ebene: Vor seiner Zerstörung war der Jedi-Orden so aufgebaut wie die Gruppe der Essener. Ein aus zwölf Mitgliedern bestehender Hoher Rat, dem ein Großmeister vorsteht, ist für alle wichtigen Entscheidungen zuständig. Bei den Jedi beruht diese Entscheidungsfindung auf einer gründlichen Erforschung der Macht, die Essener vertrauten auf das gemeinsame Gebet, was jedoch mehr oder weniger dasselbe sein dürfte, nur eben mit anderen Worten ausgedrückt. In einer weiteren Schrift aus Qumran, die sich mit der biblischen Gestalt des Melchisedek befasst, definiert sich die Gemeinschaft selbst als »Söhne der Macht«, ein Attribut, das etwa zwei Jahrtausende später auch die Jedi von George Lucas für sich beanspruchen sollten. Und selbst bei der im *opening crawl* zu Episode I gebrauchten Bezeichnung für die Jedi als »Wächter des Friedens« handelt es sich um eine Begrifflichkeit, die im Zusammenhang mit den Essenern gebraucht wird.

Der Zugang zur Gemeinschaft ist in beiden Fällen an Bedingungen geknüpft und erfolgt stufenweise. Aufnahmerituale und eine Zeit der Ausbildung sind bei den Jedi ebenso vorgesehen wie bei den Essenern bzw. in der christlich-monastischen Tradition. Die Verortung der Qumran-Siedlung in der judäischen Wüste schließlich erinnert an den Wüstenplaneten Tatooine, den Obi-Wan für sein Exil ausgesucht hat.

Therapeuten, die mit dem Schwert kämpfen

Der Kampf mit Lichtschwertern ist in der Ausbildung der Jedi von großer Bedeutung. Ob die Essener sich mit der Kampfkunst beschäftigt haben, wissen wir heute nicht mehr, denn es gibt darüber kaum historische Quellen, wohingegen der Lichtschwerter-Kampf in der Ausbildung der Jedi eindeutig einen wichtigen Platz einnimmt. Für diesen Aspekt des Jedi-Rittertums gibt es im antiken Judentum deutlich mehr Bezüge zu einer anderen Gruppe, die durchaus bewaffnet war, die Zeloten. Sie waren Mitglieder einer Widerstandsbewegung gegen die damals herrschende römische Macht und scheuten den Gebrauch von Waffen nicht, wenngleich sie das Gebet und das Studium der biblischen Schriften als ebenso mächtige Waffen betrachteten wie Schwert und Dolch.

Im ersten Jüdischen Krieg sollen jedoch, glaubt man den Schriften von Josefus Flavius, immerhin auch eine große Zahl von Essenern gegen die Römer gekämpft haben. Wie die Jedi-Meister waren sie wohl nicht nur tapfere Soldaten, sondern hatten auch Verantwortungspositionen innerhalb der Armee inne. So wird in Episode III Obi-Wan durchgehend als »General« angesprochen, während Meister Yoda am Beginn der Klonkriege zu den Wookies nach Kashyyyk entsendet wird, um die militärischen Kräfte der Republik zu koordinieren.

Schlussendlich ist es aber der Erfinder der Jedi selbst, kein Geringerer als George Lucas also, der auf eine letzte – gleichwohl entscheidende – Parallele zwischen Jedi und Essenern hingewiesen hat. In einem Interview aus dem Jahre 1999 nennt er die Jedi nämlich *»intergalactic therapists«*. Diese Zuschreibung findet sich auch in der antiken Literatur in Bezug auf die Essener und zwar bei Philo von Alexandrien, der diese ebenso als »Therapeuten« bezeichnet. Das heilende Wirken beider Gruppierungen beruht auf dem festen Glauben an eine übernatürliche Kraft, die zum Guten führt, und daran, dass man selbst auf der »richtigen«, auf der hellen Seite der Macht steht und daher einen Sendungsauftrag verfolgt.

In der qumranischen Kriegsrolle wird genau diese Überzeugung thematisiert: Im ewigen Kampf zwischen den Kindern des Lichts und den Kindern der Dunkelheit wird Gott – oder, für die Jedi, die Macht – es nicht zulassen, dass das Gleichgewicht endgültig auf die dunkle Seite kippt. Diese Überzeugung ist sowohl bei den Essenern als auch bei den späteren frühchristlichen Gemeinschaften und eben bei den Jedi mehr als eine Hoffnung; sie ist Gewissheit. Die Geschichte aus einer lang vergangenen Zeit in einer weit entfernten Galaxie ist also – um einmal mehr die Worte von George Lucas zu verwenden – nicht neu, sie ist »immer die gleiche alte jüdisch-biblische Erzählung vom Kampf zwischen Gut und Böse, nur mit anderen Worten erzählt«.

»ICH FINDE IHREN MANGEL AN GLAUBEN BEKLAGENSWERT.«

DIE MACHT, DAS MONOTHEISTISCHE PRINZIP DER GESAMTEN GALAXIE

Die Szene auf dem ersten Todesstern wirkt auf den Zuschauer zunächst verstörend: »Verschonen Sie uns mit Ihrem Kinderschreck von der magischen Macht, Lord Vader. Ihre traurige Anhänglichkeit an diese altertümliche Religion hat Ihnen nicht geholfen«, spottete Admiral Conan Antonio Motti gerade noch und kurz danach ringt er röchelnd mit dem Tod. Ohne sich dem Admiral physisch zu nähern, hat ihn Darth Vader mithilfe einer aus der Macht hervorgehenden Kraft in einen potenziell tödlichen Würgegriff genommen. Dass ausgerechnet er, der Bösewicht der klassischen Trilogie, mit seinem Handeln und mit seinem Statement – »Ich finde Ihren Mangel an Glauben beklagenswert« – als Hohepriester der Macht auftritt und damit ein religiöses Prinzip gegen die atheistische Position des pragmatischen Admirals verteidigt, ist auf den ersten Blick überraschend. Und daher lohnt es sich, genauer hinzusehen.

Die Macht als metaphysische Entität

Wie kann man sich die Macht vorstellen? Der Jedi-Meister Obi-Wan Kenobi beschreibt sie gegenüber dem noch unerfahrenen Luke als »ein Energiefeld, das alle lebenden Dinge erzeugen. Es umgibt uns, es durchdringt uns. Es hält die Galaxis zusammen.« Luke selbst, inzwischen ein alter, desillusionierter Einsiedler, gibt dieses Wissen mit etwas anderen Worten an Rey weiter. Als sie ihn auf seiner Exilinsel auf dem Planeten Ahch-To, wo auch der erste Jedi-Tempel stand, durch ihre Hartnäckigkeit regelrecht nötigt, ihr Lehrer zu werden, erklärt er ihr die Grundlagen der Macht-Theologie folgendermaßen: »Die Macht ist keine Fähigkeit, die man besitzt. Es geht nicht darum, Steine hochzuheben. Es ist ein Energiefeld zwischen allen Dingen – eine Spannung, ein Gleichgewicht, das die Galaxis zusammenhält.« Reicht das als Antwort?

Nun, die in Episode I von Qui-Gon Jinn unternommene pseudowissenschaftliche Erläuterung mit Verweis auf die Midi-Chlorianer, einer Art bakterieller Lebensform, die den Menschen helfen soll, die Macht zu spüren und einzusetzen, wurde in der Sekundärliteratur zwar viel diskutiert, hat aber kaum jemanden überzeugt. Die Erklärung wurde von den Fans als zu banal empfunden, als entzaubernd, und sie wurde de facto auch von George Lucas relativ schnell wieder verworfen. So kommen die Midi-Chlorianer in weiteren Verfilmungen nicht mehr an prominenter Stelle vor.

Im Gegensatz dazu wird die Macht vor allem in der klassischen Trilogie wiederholt als ein religiöses Prinzip dargestellt; der Glaube an sie als Religion.

Ein solches Verständnis ergibt Sinn, wenn man die Eigenschaften der Macht näher betrachtet: Dieses besagte Energiefeld, das man durch bestimmte Analysen im Menschen nachweisen und sogar messen kann – wie das Qui-Gon und Obi-Wan zu Beginn von Episode I beim neunjährigen Anakin tun –, besitzt eine helle und eine dunkle Seite. Damit wird die Macht zu einem geradezu perfekten Pendant von jenem Gott, den wir in der hebräischen Bibel, im Alten Testament, kennenlernen. Da heißt es beispielsweise im 7. Kapitel des Buches der Weisheit, die Weisheit sei »beweglicher als alle Bewegung«, und: »in ihrer Reinheit durchdringt und erfüllt sie alles.« (Weish 7,24) Die Weisheit aber, die ursprünglich als eine Art Grundwahrheit interpretiert wurde, die der Mensch braucht, um sein Leben bestehen zu können, wurde in der hellenistischen Zeit bereits als Daseinsweise bzw. Erscheinungsform Gottes angesehen. Einer Art göttlichem Geist gleich durchdringt die Weisheit alles: »Denn in allem ist […] unvergänglicher Geist«, heißt es in Kapitel 12 des gleichen Buches.

Viele *Star Wars*-Experten haben daher in der Macht eine Erinnerung an gnostische, dualistische Vorstellungen aus der Frühzeit des Christentums gesehen. Viel wichtiger als diese Entwicklungen ist allerdings das biblische Gedankengut, welches der Idee der Macht zugrunde liegt. Die Macht, wie sie in der *Star Wars*-Saga beschrieben wird, ist eine allgegenwärtige Energie, die metaphysische Züge aufweist. Sie ist nicht personal, hat aber Eigenschaften, die mit einem personalen Gott in Verbindung gebracht werden können. Vor allem jene Charaktere, die nicht mit der Macht im Einklang stehen, bestätigen immer wieder gerade dadurch ihre religiöse Dimension, indem sie ihr zugestehen, ein wirkmächtiges Mittel zu sein, das zur Manipulation ge- und missbraucht werden kann.

In einer bekannten Erzählung aus der Apostelgeschichte findet sich ein ähnliches Verständnis im Zusammenhang mit dem Heiligen Geist: Ein gewisser Simon, der als Wunderheiler und Zauberer (das war in der damaligen Zeit mehr oder weniger dasselbe) tätig ist und bereits viel Macht besitzt, will dieselben Wundertaten wie die Apostel vollbringen. Er fragt sie jedoch nicht nach ihren Glaubensüberzeugungen, die ihnen Macht verleihen, sondern relativ plump, ob auch er von ihrer Macht Gebrauch machen könne. Er ist bereit, Geld dafür zu bezahlen. Diese Macht, die Philippus, Petrus und Johannes zum Wohl der Menschen einsetzen, wird im weiteren Textverlauf direkt als Heiliger Geist identifiziert, also mit einer zentralen Erscheinungsform des personalen christlichen Gottes.

Ähnlich wie dieser Heilige Geist bleibt die Macht immer ein Stück weit rätselhaft und unverfügbar. In diesem Sinn erklärt auch Obi-Wan Kenobi in Episode III, dass »nicht einmal die Jedi alles wissen, was es über die Macht zu wissen gibt«. Das mag den einen oder anderen Fan enttäuschen, doch die *Star Wars*-Saga ist eben – ähnlich wie die Bibel – keine systematische Darstellung oder Analyse von Glaubenssätzen, sondern eine Erzählung. Auch wer die Bibel liest, sucht vergeblich nach einer sachlichen Abhandlung über die Beschaffenheit Gottes, den Heiligen Geist oder gar die Trinität. Vielmehr dauerte es Jahrhunderte, bis sich die ersten Christen auf Basis der biblischen Texte über zentrale Glaubensinhalte einig werden konnten und klare, allgemeingültige Definitionen formulierten, wie man sich Gott, Jesus oder dem Heiligen Geist vorstellen kann bzw. sollte.

Was aber fernab von einer solchen ausführlichen und natürlich auch kontroversen Diskussion, die in verschiedenen Konzilen durchgeführt wurde, die bloße Wahrnehmung des Heiligen Geistes in der Apostelgeschichte betrifft, entspricht diese ziemlich genau dem, wie die Filmcharaktere und mit ihnen das Publikum im *Star Wars*-Universum die Macht erleben. Jedi und Sith beschäftigen sich ihr ganzes Leben lang mit der Macht und mit ihrer geheimnisvollen Beschaffenheit. Damit erinnern die beiden verfeindeten Gruppen jede für sich an die ultra-orthodoxen jüdischen Jeschiwa-Schüler, die immerfort über die Torah und den Talmud nachsinnen, oder auch an monastische Mystiker christlicher oder islamischer Prägung, die mithilfe jahrelanger Meditation eine Vermehrung ihrer geistigen Fähigkeiten anstreben.

Die Macht als Schöpferkraft im Gleichgewicht

Die Macht ist nicht nur für die Energie zuständig, die das Universum zum Leben benötigt, sie ist bzw. war auch für die Erschaffung aller Lebewesen verantwortlich. Das entspricht ziemlich genau der jüdisch-christlichen Darstellung am Beginn der hebräischen Bibel, wo explizit im ersten Kapitel auf den Geist Gottes Bezug genommen wird, der über dem Wasser schwebte. Wenn man an dieser Stelle bedenkt, dass das hebräische Wort für Gott, *Elohim*, eine Pluralform ist und erst mit der Etablierung des Ein-Gott-Glaubens mit einem im Singular verstandenen personalen Gott identifiziert wurde, zeigt sich, dass die mythischen Vorstellungen von der biblischen Schöpfergottheit und von der Macht im *Star Wars*-Universums nicht sehr weit auseinander liegen. Dass die Macht sehr wohl auch als personales Prinzip verstanden wurde, stellt Han Solo in Episode IV heraus, indem er sagt, dass er in der ganzen Galaxie noch nichts gesehen hätte, was ihn überzeugt hätte, dass es eine allmächtige Macht gibt.

Was das Gleichgewicht der Macht betrifft, scheint es sich dabei innerhalb der *Star Wars*-Erzählung eher um ein vages Konzept zu handeln. Manchmal bekommt man den Eindruck, es würde darum gehen, die dunkle und die helle Seite in eine vollkommenen Balance zu bringen. Viel öfter jedoch wird vermittelt, dass die Macht grundsätzlich die Funktion hat, die Stabilität des Kosmos zu wahren.

Genau diese Aufgabe hatte auch der jüdische Gott, so wie es die hebräische Bibel überliefert. Er war gewissermaßen Garant für das Gleichgewicht im Kosmos und vor allem innerhalb der Gesellschaft. Eine explizite Ausformulierung dessen, was das zu bedeuten hatte, liefert das Talionsprinzip: »Auge um Auge, Zahn um Zahn«. Was für den modernen, aufgeklärten Menschen barbarisch und grausam klingen mag, stellte innerhalb der antiken altorientalischen Welt einen großen Fortschritt dar und diente dazu, die Gesellschaft im Gleichgewicht zu halten. Denn nach diesem Gesetz durfte beispielsweise eine Körperverletzung nur durch eine gleich schwere Körperverletzung, nicht aber durch einen Mord geahndet werden, womit eine Eskalation der Gewalt, wie sie für Konfliktsituationen typisch ist, vermieden werden sollte.

Auch das hebräische Wort *nacham*, das in vielen modernen Bibelübersetzungen mit »Rache« wiedergegeben wird, legt ganz klar fest, wie diese Rache auszusehen hat. Vermieden werden sollen unverhältnismäßige, unkontrollierte und emotional aufgeladene Reaktionen, die gerade nicht zu einer Wiederherstellung des gesellschaftlichen Gleichgewichts führen würden.

In der Welt von *Star Wars* wird die Situation des Ungleichgewichts mit dem Bild der hellen und der dunklen Seite der Macht zum Ausdruck gebracht, wobei beide Seiten, viel mehr aber die dunkle Seite, versuchen, die jeweils andere Seite zu verdrängen oder gar zunichte zu machen.

Zur Zeit der Sith-Kriege war die dunkle Seite dominant, was sich aber veränderte und zur Entstehung der galaktischen Republik bzw. zu einer Ungleichheit zugunsten der hellen Seite führte. Von dieser Überlegenheit der hellen Seite profitierten unter anderen die Jedi, wodurch wiederum dem Aufstieg von Imperator Palpatine und der dunklen Seite der Boden bereitet wurde.

Die Macht als monotheistische Gottheit

Die Vorstellung von der einen zweigeteilten Macht entspricht dem Bild des biblischen Gottes, wie es im Alten Testament überliefert ist. Als sich zwischen dem 6. und 5. Jh. v. Chr. der Ein-Gott-Glaube etablierte, war für die jüdischen Theologen klar, dass dieser eine Gott nun notwendigerweise nicht nur eine freundliche, helle Seite haben konnte, sondern eben auch eine problematische, dunkle Seite besitzen musste.

Einer der ersten Texte, der sich damit auseinandersetzt, welche Folgen sich aus der Hinwendung zum Monotheismus für das Gottesbild ergeben, stammt aus dem Buch des Propheten Jesaja: »Alle Menschen sind doch wie Gras«, heißt es dort. »In ihrer ganzen Schönheit gleichen sie den Blumen auf dem Feld. Das Gras verdorrt, die Blume verwelkt, wenn der Geist des Herrn darüber weht.« (Jes 40,6–7) Die Vorstellung, dass es der Geist Gottes ist, der die Blumen und das Gras verdorren und verwelken lässt, ist die logische Konsequenz aus dem Glauben an einen einzigen Gott. Eigenschaften und Wirkmacht, die im Polytheismus auf mehrere Gottheiten aufgeteilt waren, müssen im Monotheismus alle in einer Gottheit vereint sein. Insofern beinhaltet die Schöpfermacht Gottes einerseits das positive Schenken von Leben: »In die Wüste gebe ich Zedern, Akazien, Myrten und Ölbäume, in das Ödland setze ich Wacholder, Ulmen und Zypressen dazu.« (Jes 41,19) Andererseits entzieht sie das Leben auch wieder, was für die Schöpfung in Vergehen und Sterben resultiert: »Ich bin Gott und keiner sonst [...] der das Licht bildet und die Finsternis schafft, der Heil vollbringt und Unheil schafft.« (Jes 45,5.7)

Diese Verse betonen die umfassende Schöpfermacht und unterstreichen die destruktiven Aspekte. Mehr noch, sie bringen sie mit Gott selbst in Verbindung und spitzen somit den Gedanken des exklusiven Monotheismus zu. Das ist zunächst ein schwieriger theologischer Gedanke. Bei näherem Betrachten wird man aber zugeben müssen, dass es inkonsequent wäre, wenn dieser eine Gott nichts mit dem Vergehen und Sterben des von ihm Erschaffenen zu tun hätte. Denn dann wäre Gott nicht allmächtig, man bräuchte neben ihm ein anderes, mindestens gleich starkes negatives Prinzip. Der Schöpfergott selbst wäre damit aber zu einem unbeteiligten Zuschauer seiner Schöpfung degradiert.

Mit der Vorstellung von der Macht, der zugleich eine helle wie eine dunkle Seite innewohnt, übernimmt das *Star Wars*-Universum diesen zentralen Gedanken aus der jüdisch-christlichen Theologie. In der fernen Galaxie von *Star*

Wars entspricht das Urprinzip des Universums dem alttestamentlichen Verständnis von Gott als Urheber sowohl des Guten als auch des Bösen.

QUIZFRAGE 4

„ICH WEISS!"

Abraham oder Han Solo?

So lauten die vorerst letzten Worte von Han Solo, bevor er im Beisein von Darth Vader in der Wolkenstadt auf Bespin in Karbonit eingefroren wird. Bei dem Satz, der Kinogeschichte geschrieben und wohl viele junge (männliche) Fans beeinflusst hat, handelt es sich um die Antwort, die Han Solo Leia auf ihren leidenschaftlichen Kuss und ihr „Ich liebe dich" gibt. Ob die Reaktion des Schmugglers auf die Liebeserklärung der Prinzessin im Drehbuch so vorgesehen war oder ob sie dem Improvisationstalent von Harrison Ford zu verdanken ist, wird sich im Nachhinein nicht mehr klären lassen. Fest steht, dass es diese Worte waren, die aus einer eher gewöhnlichen Szene eine Kultszene der Filmgeschichte machten.

Was nur Wenige wissen: Der gleiche Satz kommt auch in der Bibel vor und fällt auch hier im Zusammenhang mit einer Liebesbeziehung; hier ist es Abraham, der Sarah seine Liebe gesteht (Genesis 12,11). Auf seine Worte hin wird Abraham zwar nicht in Karbonit eingefroren, er muss sich allerdings, genau wie Han Solo, dem Bösewicht seiner Zeit stellen: dem ägyptischen Pharao.

In diesem Fall sind beide Antworten richtig.

DIE SEQUEL-TRILOGIE: DIE THEOLOGIE HINTER DEN TEXTEN

Bibeltheologie fragt nach den größeren Zusammenhängen innerhalb der biblischen Texte. Sie untersucht, wie die Verfasser ihre Welt, ihre Gesellschaft und nicht zuletzt ihren Gott verstanden haben. Sie erforscht, mit welchen theoretischen Konstrukten sie über diesen Gott nachgedacht und ihn dargestellt haben. Das erleichtert das Verständnis für die Fülle an mehr oder weniger zusammenhängenden bzw. zusammenpassenden Geschichten, wie sie sich sowohl in der Bibel als auch in *Star Wars* finden, und auch solcher Textelemente, über die eine allumfassende Botschaft vermittelt werden soll. Das zu untersuchen und daraus Schlussfolgerungen zu ziehen, ist das Ziel einer bibeltheologischen Annäherung.

In diesem Sinn ist die bibeltheologische Forschung immer auch Ausdruck der lebensweltlichen Voraussetzungen, die der Interpret mitbringt. Ganz gleich, ob man über die Bibel oder über *Star Wars* nachdenkt, unser soziokultureller Hintergrund beeinflusst massiv, wie wir Texte oder Filme wahrnehmen und welche Fragen wir an sie stellen. Eine absolute Wahrheit hinsichtlich des Gehalts eines Textes kann es daher nicht geben. Was aber gelingen kann, ist eine Annäherung an diesen Gehalt, und zwar am ehesten dann, wenn man sich der eigenen Prägungen und weltanschaulichen Überzeugungen bewusst ist und eine entsprechende Sensibilität für die Entstehungszeit der Texte mitbringt.

»DIESER JUNGE HAT ETWAS BESONDERES.«

MESSIANISCHE ERWARTUNGEN UND ERWÄHLUNG

Ob Katholiken, Protestanten, Reformierte, Orthodoxe, Altkatholiken, Evangelikale, Pfingstler usw. – in einem wesentlichen Punkt sind sich die christlichen Konfessionen einig: Sie alle bekennen Jesus als den Christus, als den Messias. Das griechische *christós* und das hebräische *maschiach* bedeutet wörtlich übersetzt der »Gesalbte«. Jesus ist der Auserwählte, wie ihn die Propheten des Alten Testaments verheißen haben. Er ist das Zentrum des christlichen Glaubens und die Erfüllung der zentralen religiös-politischen Hoffnungen der hebräischen Bibel.

Allein aus dem biblischen Textbefund lässt sich die Bedeutung dieser Erwartungshaltung aber nicht wirklich erklären, denn das Wort *maschiach* kommt nur 39 Mal im Text vor und ist damit kein besonders häufig gebrauchter Terminus des Alten Testaments. Insofern lässt sich durchaus darüber diskutieren, ob sich die christlich geprägte theologische Forschung möglicherweise irrt, wenn sie in der Gestalt des

Messias den Mittelpunkt der hebräischen Bibel zu erkennen meint und die – zwar vorhandenen, aber nicht im Vordergrund stehenden – messianischen Erwartungen der Propheten als Gipfel der alttestamentlichen Theologie interpretiert. Nichtsdestotrotz hat das Christentum mit Jesu Geburt die Verwirklichung dieser Hoffnung auf einen Auserwählten als erfüllt deklariert. Es hat sich eine Religion entwickelt, in der dieser Gedanke eine solch zentrale Rolle spielt, dass er letztlich die ganze kulturelle Umwelt, also die gesamte »westliche Welt« prägt.

Die messianische Hoffnung in der Bibel und in der fernen Galaxie

Die ersten Hinweise auf eine messianische Hoffnung finden sich frühestens in den biblischen Texten, die in der Notsituation des Babylonischen Exils (6. Jh. v. Chr.) entstanden sind. Israel lebte damals unter Fremdherrschaft und war in seinen religiös-kulturellen Praktiken stark eingeschränkt. Viele Menschen hatten sich damit abgefunden, andere hingegen leisteten, wenngleich mehr auf einer ideellen als auf einer real-politischen Ebene, Widerstand. Sie wandten sich einerseits gegen die eigenen gescheiterten traditionellen Vorstellungen und rebellierten andererseits gegen die unterdrückende Fremdherrschaft. Dabei begannen sie das Bild oder vielmehr die Vision von einer Gestalt zu entwerfen, die als mächtiger Anführer in Erscheinung tritt und das Volk befreit. Dieser Befreier –

oder Erlöser – würde zugleich die verfestigten Machtstrukturen durchbrechen, Israel in eine Zeit der Gerechtigkeit führen und, um es mit *Star Wars* zu sagen, den Einklang von Natur und Menschheit wiederherstellen.

In die Hoffnung auf einen konkreten Auserwählten, der als messianischer Amtsträger agieren würde, mischte sich schon bald die Sehnsucht nach einer Zeit, in der diese personale, häufig nationalistisch gedeutete Messiaserwartung die Dimension einer messianischen Zukunft annehmen würde, in der Frieden, Gerechtigkeit und eine Art Glückseligkeit realisiert sein würden. Diese Hoffnung nährte sich aus verschiedenen antiken Texten, die als messianische Prophetie verstanden wurden. Die bekannteste ist gewiss die Verheißung der Geburt eines von einer jungfräulichen Mutter geborenen Kindes, wie sie im Buch des Propheten Jesaja geschildert wird. Dass dieser Text ursprünglich weder einen Messias noch eine Jungfrau im Blick hatte, sondern von der jungen Gattin des damals amtierenden Jerusalemer Königs handelte, interessierte bald niemanden mehr. Die Sehnsucht nach einem Erlöser und die Notwendigkeit einer schriftlichen Prophezeiung waren zu groß, um auf solche »Kleinigkeiten« zu achten.

Weil die Sehnsucht immer schon die menschliche Fantasie beflügelt hat, führte sie im Kontext des Babylonischen Exils dazu, dass sich im Judentum ganz unterschiedliche messianische Vorstellungen entwickelt haben. Man rechnete gleich mit drei messianischen Funktionären, einem messianischen Propheten, einem Priestermessias und einem diesem untergeordneten Laienmessias, der das Volk im finalen Kampf gegen die Söhne der Dunkelheit hätte anführen sollen. Das Lukasevangelium gibt einen guten Einblick in die damalige Stimmung. Dort heißt es in Kapitel 3, dass »das Volk voll Erwartung war«.

In einer ähnlichen Situation befindet sich die ferne Galaxie von *Star Wars* zu Beginn von Episode I. Wie in vielen anderen Fällen auch bedient sich George Lucas einmal mehr eines altbekannten Motivs, das er auf ungewöhnliche Art und Weise in seine Saga einbaut. Und so kommt es, dass Qui-Gon Jinn, als er auf dem Wüstenplaneten Tatooine durch Zufall dem neunjährige Anakin Skywalker begegnet, davon überzeugt ist, gerade eine solche messianische Gestalt gefunden zu haben. Er als Jedi glaubt an eine mysteriöse antike Prophezeiung, die besagt, dass jemand kommen wird, der die Macht ins Gleichgewicht bringen wird. Nicht nur diese Prophetie, sondern auch die Vorstellung der Zeit, in der sich das Gleichgewicht realisiert, sind durch und durch biblisch.

Eine Sicherheit, dass der Auserwählte tatsächlich der Auserwählte ist, gibt es allerdings nicht, weshalb Meister Yoda in Episode III, als Anakin beginnt, unter dem Einfluss von Palpatine der dunklen Seite der Macht näher zu kommen, auch feststellt: »Vielleicht ist missverstanden worden die Prophetie.« Selbst wenn man in den Weissagungen Anzeichen oder Kriterien für ihre Erfüllung findet, sind diese durchaus interpretationswürdig und jedenfalls alles andere als eindeutig. Doch gerade diese Mehrdeutigkeit trägt zur Faszination der messianischen Figuren bei.

Die Abstammung von einer jungfräulichen Mutter und einem aus einer übernatürlichen Sphäre stammenden Vater ist in mehreren Religionen ein solches Anzeichen. Um eine besonders bekannte Jungfrauengeburt handelt es sich natürlich im Fall von Jesus. Aber auch in der *Star Wars*-Saga wird mehrfach mit diesem Motiv gespielt: Shmi, Anakins Mutter, gibt zu, dass sie den Vater ihres Sohnes nicht kennt, und Qui-Gon bringt die Macht als mögliche Ursache für die Empfängnis von Anakin Skywalker ins Spiel. Das Thema des Kindes mit unbekannter Herkunft, welches das Schicksal der Galaxie bestimmen wird, ist in allen drei Trilogien zentral. So wissen die Zuschauer sehr lange nicht, dass Darth Vader der Vater von Luke und Leia ist, noch, dass die beiden Geschwister sogar Zwillinge sind oder was mit ihren leiblichen Eltern geschehen ist. Bei Rey in der Sequel-Trilogie wird das Motiv erneut aufgegriffen: Kylo Rens Behauptung, ihre Eltern seien »niemand« gewesen, kann als Ausdruck dessen gedeutet werden, dass mit ihr, was ebenso innovativ wie einmalig wäre, eine weibliche Messiasgestalt in die Kulturgeschichte eintritt.

Das schwere Los der Auserwählten

Es ist alles andere als leicht, Auserwählte zu erkennen. Die alten Weissagungen beinhalten zumeist keine genauen Angaben über das Aussehen, die Herkunft und den Charakter der Erlösergestalt oder darüber, in welchen konkreten Handlungen sich ihr messianisches Tun realisieren wird. Die biblischen Prophezeiungen waren sehr allgemein gehalten und lassen viele Interpretationsmöglichkeiten offen. Als die Magier aus dem Osten bei König Herodes vorstellig werden, um dem verheißenen König der Juden zu huldigen – wie es im Lukasevangelium berichtet wird –, scheint dieser nichts von einer Prophetie zu wissen, die Bethlehem als Geburtsort des Messias ausweist. Er muss erst einmal seine Experten befragen, die dann auch recht schnell eine Textpassage in der Rolle des Propheten Micha finden, welche sich in diese Richtung auslegen lässt. Bis die Magier mit ihrem Anspruch, das verheißene Kind sehen zu wollen, auftauchten, wurde dieser Text offensichtlich nicht als messianische Weissagung verstanden.

Ein Blick quer durch die verschiedenen Kulturen zeigt, dass nie zur Diskussion stand, dass der Auserwählte besondere Fähigkeiten besitzen muss und große Taten vollbringen wird. Worin diese großen Taten und Fähigkeiten jedoch genau bestehen würden, ist unklar. So auch im Fall von Anakin, mit dessen Entdeckung zum ersten Mal die Midi-Chlorianer Eingang in die *Star Wars*-Welt fanden. Die Vorstellung, dass die Jedi eine Möglichkeit besäßen, die Menge der in einem Individuum vorhandenen Macht zu messen, wurde von den meisten Fans allerdings vehement abgelehnt. Aus der Perspektive der Bibelwissenschaft ist die negative Reaktion des Publikums jedoch bedauerlich, denn die Midi-Chlorianer waren bei näherem Betrachten nicht weit weg von der biblischen Gottesvorstellung.

In einer biblischen Tradition kann man die Midi-Chlorianer nämlich durchaus als die greifbare Verkörperung einer ansonsten kaum fassbaren göttlichen Entität verstehen. Das kommt in der antiken Welt immer wieder vor und es ist keine Besonderheit der Bibel. Wenn sich der griechische Gott Zeus beispielsweise mit dem Mädchen Diana zum Liebesspiel treffen will, verwandelt er sich in einen goldenen Regen. Wenn der christliche Gott mit der Jungfrau Maria ein Kind zeugen will, tut er das – so heißt es zumindest im Lukasevangelium – in Gestalt des Heiligen Geistes. Dieser Geist kann ganz konkret erfahren werden in Form von kleinen Feuerflammen, im Wind oder sogar als Taube. In der christlichen Weltvorstellung kann man zwar die Menge des Geistes nicht messen, aber es wird doch angenommen, dass Mystiker, Heilige und religiöse Führer mehr von diesem Geist besitzen als gewöhnliche Menschen. Grundsätzlich müssten die Midi-Chlorianer also für das *Star Wars*-Universum keine große spirituelle Herausforderung darstellen. Dennoch hat ihr mangelnder Publikumserfolg rasch zu ihrem Niedergang geführt.

Midi-Chlorianer hin oder her, selbst die Jedi verfügen über kein Mittel, um den Auserwählten mit letzter Sicherheit zu identifizieren. Daher ist der Hohe Rat der Jedi, dem Qui-Gon Jinn den jungen Anakin vorführt, auch nicht uneingeschränkt davon überzeugt, in ihm die alte Prophetie als erfüllt zu sehen. Trotzdem wird Anakin zum Messias stilisiert, zumindest bis zu dem Moment, als er vom satanischen Imperator in Versuchung geführt wird. Während Jesus der Versuchung in der Wüste widerstehen kann, verwandelt sich Anakin mehr und mehr in Darth Vader. George Lucas erfindet damit einmal mehr nichts Neues. Denn auch bei der Vorstellung, dass der Auserwählte der Herausforderung seiner Aufgabe nicht gewachsen ist, handelt es sich um ein beliebtes biblisches Motiv. Selbst Jesus schwankt bei seiner Gefangennahme einen kurzen Augenblick, doch dann findet er schnell wieder zu seiner (guten) Stärke zurück, während andere »Auserwählte« vor ihm klar gescheitert sind. Mit *Star Wars* könnte man sagen, sie sind der dunklen Seite verfallen.

Deswegen bietet sich in diesem Zusammenhang weniger die Jesus-Geschichte als Referenzerzählung an als vielmehr die Simson-Tradition aus dem Buch der Richter: Auch Simsons Geburt wird durch außergewöhnliche Ereignisse gerahmt, denn wenngleich seine Mutter, deren Name nicht überliefert ist, eine »normale« Frau gewesen sein dürfte, ist sein Vater etwas Besonderes, möglicherweise ein Engel. Simson hat eine Mission; er soll die bösen Feinde des Volkes Israel bekämpfen. Dafür bekommt er übermenschliche Kräfte, die ihm erhalten bleiben, solange er seine Haare nicht schneiden lässt. Zunächst ist er sehr erfolgreich. Doch dann kommt die Liebe dazwischen. – Genau das passiert auch im Fall von Anakin: Die Romanze zwischen ihm und Padmé entwickelt sich zunächst nach dem klassischen Muster einer unmöglichen Liebschaft, denn die Jedi leben zölibatär und dürfen weder Kinder zeugen noch eine Familie gründen. Zwar ist es Anakin, der vom ersten Moment ihres Wiedersehens an die Nähe der Senatorin sucht, doch Padmé lässt seine Zuneigung zu und erwidert sie schlussendlich. Der Druck, der sich für Anakin aus dieser verbotenen Beziehung aufbaut, und die Sorge um die schwangere Padmé tragen schließlich dazu bei, dass er sich für die dunkle Seite entscheidet und den Weg des Auserwählten verlässt.

Bei Simson ist die Situation ähnlich: Nach mehr oder weniger romantischen Affären mit Frauen, mit denen er nicht zusammen sein dürfte, weil sie alle dem Volk der Philister angehören, kommt es zur Katastrophe: Er wird gefangen genommen, von seinen Feinden geblendet, verliert mit seinem langen Haar seine übernatürliche Kraft und kann seine ursprüngliche Berufung nicht mehr erfüllen. Die Lage scheint schier ausweglos und verfahren … Doch am Ende ihres Lebens finden sowohl Anakin als auch Simson zu sich selbst und werden sich der Natur ihrer ursprünglichen Mission wieder bewusst. Darth Vader tötet den Imperator und opfert sich selbst, um seinen Sohn Luke zu retten. Simson findet ein letztes Mal zu seiner alten Stärke zurück und reißt in einer Art Selbstmordanschlag zahlreiche Feinde mit in den Tod. Die Parallelen zwischen den beiden Helden sind so fundamental, dass in den beiden Schlussszenen sogar dasselbe Motiv umgesetzt wird: Beide sehen, obwohl die eigenen Augen nicht mehr sehen können. Während Darth Vader darum bittet, die Maske seines lebenserhaltenden Schutzpanzers abzunehmen, um Luke noch einmal zu sehen, verlässt sich der blinde Simson auf die Augen eines Kindes. Mit dessen Hilfe gelangt er zu einer Art inneren Schau und vollendet seine Mission, indem er unter den Feinden des Volkes Israel ein Massaker anrichtet.

Die Umsetzung des Messias-Gedankens

Achtet man mehr auf die Bibel und weniger darauf, welches Messiasverständnis sich später in der Kirche entwickelt hat, fällt auf, dass die Idee der Erwählung in der biblischen Tradition nicht nur mit einem einzelnen Menschen zu tun hat, sondern immer mit dem ganzen Volk Israel. Nach der freien Erwählung durch Gott hat sich das Volk alles andere als treu verhalten. Von der Verehrung des goldenen Kalbes bis zur Fremdgötteranbetung durch die Könige gleicht der Weg des auserwählten Volkes streng genommen mehr dem Weg von Anakin. Es verstieß gegen Gottes Vorschriften, musste ins Exil gehen und sogar der Tempel, der einzige Ort, an dem es möglich war, in einen direkten Kontakt mit Gott zu treten, wurde zerstört. Trotz allem blieb Gott seinem Bund und seiner Erwählung treu.

Die Dynamik, die sich hier entfaltet, besitzt einmal mehr eine Analogie zum *Star Wars*-Universum. Denn Anakin ist zwar der Auserwählte, er verliert sich aber und muss erst als Darth Vader eine Exilzeit durchlaufen, bis er am Ende wieder seine Rolle als Auserwählter erkennt und schließlich sogar das im Imperator personifizierte Böse besiegen kann. Mit seinem Tod hat die Macht möglicherweise noch nicht ihr Gleichgewicht gefunden. Die Macht im Inneren von Anakin/Darth Vader aber ist wieder ins Gleichgewicht gekommen, denn er hat beide Seiten in sich selbst realisiert, durchlebt und in seiner Lebens- und Leidensgeschichte vereint.

Nach dem Abschied vom Auserwählten ist die Welt allerdings dem sehr ähnlich, wie sie zuvor war, weshalb sich in *Star Wars* wie im religiösen Kontext natürlich verschiedene Fragen auftun: Braucht es noch weitere Auserwählte? Hat der Auserwählte etwas falsch gemacht? War er überhaupt der richtige Auserwählte? Diese und andere offene Fragen dürften dafür verantwortlich sein, dass sich die Debatte, ob nicht vielleicht Luke, Rey oder andere Protagonisten geeignetere Messiasgestalten im *Star Wars*-Universums sein könnten, wohl nie abschließend klären lassen wird. Auch in dieser Hinsicht haben *Star Wars* und Bibel viel gemeinsam. Es geht nämlich nicht darum, dass sich wie durch Zauberhand ein goldenes messianisches Zeitalter realisiert, in dem alles perfekt ist, sondern darum, das eigene, ganz »normale« Leben weiterzuführen und sich für das einzusetzen, was einem – auf der hellen Seite der Macht – wichtig ist. In diesem Sinn entspricht die messianische Botschaft Jesu ziemlich genau dem, was dem Publikum auch in *Star Wars* verheißen wird.

»HELFT MIR, OBI-WAN KENOBI, IHR SEID MEINE LETZTE HOFFNUNG!«

DIE ROLLE DER FRAUEN

Die Worte des Hologramms, in dem sich Prinzessin Leia zu Beginn von Episode IV verzweifelt an Jedi Meister Obi-Wan Kenobi richtet, sind in gewisser Weise symptomatisch für die zwiespältige Rolle von Frauen im *Star Wars*-Universum. Einerseits ist Leia eine starke Frau, die sich zu dem Zeitpunkt, als sie um Hilfe bittet, bereits als Führerin der Widerstandsbewegung behauptet hat. Andererseits erfüllt sie zu Beginn der klassischen Trilogie exakt die Erwartungen, die man in Hollywood in den 1970er- und 1980er-Jahren in eine Frauengestalt setzte: Sie bleibt ganz die schöne, schwache Prinzessin, die auf den männlichen Helden warten muss, um vor dem übermächtigen bösen Feind gerettet zu werden.

Das Frauenbild der späten 1970er-Jahre

Es wäre aber naiv zu erwarten, dass eine Hollywood-Produktion am Ende der 1970er-Jahre eine besondere Sensibilität für stereotype Frauenbilder zeigt. Trotzdem schafft es die fiktive Gestalt der Leia, zu einem der vielen Vorbilder der Frauenbewegung zu werden. Ihre Entwicklung von der liebreizenden Prinzessin zur Führerin einer Widerstandbewegung steht auch heute noch für Emanzipation und für die Kritik an einem System, das Frauen eine solche Rolle nicht zutraut.

Sowohl *Star Wars* als auch die Bibel sind das Produkt einer männerzentrierten Welt. Vor allem aber spiegeln sie den männlichen Blick auf die Welt, den *male gaze*, wie es in der feministischen Filmkritik genannt wird. Zu der Zeit, als die *Star Wars*-Saga ihren Siegeszug antrat, konnte man sich mit flapsigen Sprüchen gegenüber Frauen offensichtlich der Zustimmung des Publikums sicher sein. So sagt beispielsweise Han Solo lässig: »Ohne weitere weibliche Ratschläge müssten wir es eigentlich schaffen, hier lebend wieder rauszukommen.« Auch konnte er auf Leias Liebeserklärung mit einem plumpen »Ich weiß« antworten, ohne sich das Missfallen der Zuseher zuzuziehen. Gewiss, bei Han Solo haben wir es mit einem besonders überzeugenden Repräsentanten des Machismo zu tun. Doch auch sonst sind Frauen und Männer in *Star Wars* ganz und gar nicht gleichberechtigt. Immerhin kommt die dunkle Seite sechs Folgen lang ohne eine einzige Frau aus. Die Zentren des Imperiums führen ausschließlich Männer. Der Mann steht nicht nur im Mittelpunkt des Geschehens – sein Blick, seine Imagination prägen die Darstellung der handelnden Frauen. Daher überrascht es nicht, dass Prinzessin Leia sich in den ersten Episoden immer nur in kleinen Schritten von der klassischen Rolle der Frau entfernen darf. Gemäß dem Frauenbild der 1970er- und 1980er-Jahre muss sie grundsätzlich in einer Abhängigkeit zum Mann inszeniert werden. Ganz gleich, ob sie gegenüber Obi-Wan Kenobi als Bittstellerin auftritt oder für Han Solo die Geliebte und für Luke die Schwester ist, alles, was sie kann und tut, bleibt auf einen männlichen Charakter hingeordnet.

Zudem wird sie, die in ihrem Herzen eine unerbittliche Rebellin ist, stark sexualisiert dargestellt. Bevor sie sich im letzten Teil der klassischen Trilogie selbst aus der Gefangenschaft von Jabba the Hutt befreien kann, sitzt sie in einem knapp geschnittenen goldenen Metallbikini zu Füßen des fetten Hutten; bereit – so darf Mann das Bild weiterdenken – ge- bzw. missbraucht zu werden. Diese Darstellung hat es sogar auf die offiziellen Filmplakate geschafft und spiegelt eine von der feministischen Filmkritik vielfach beschriebene Entwicklung wider: In dem Moment, in dem die Frau als Kämpferin oder allgemein als sich selbst ermächtigendes Subjekt aktiv wird, muss sie – um für den männlichen Betrachter keine Bedrohung zu sein – als Lustobjekt dargestellt werden. Sie darf nun zwar kämpfen und »ihren Mann stehen«, bleibt letztlich aber doch das Objekt, dessen sich der Mann mit seinem erotischen Blick oder gar im Sexualakt bemächtigt.

Auffällig ist, dass auch die Kleidung und vor allem die Frisuren der Frauen deutlich variiert werden. Ganz offensichtlich ist dies im Fall des bereits erwähnten goldenen Bikinis von Leia. Aber auch Padmés schwarzes Lederkorsett, das sie in der romantischen Nacht mit Anakin trägt, folgt dieser Logik. Während ihr Haar stets streng zusammengebunden war, solange sie noch als Königin von Naboo agierte, werden ihre Frisuren mit der Zeit immer weicher, je weiter ihre Affäre mit Anakin voranschreitet.

In der Bibelexegese gilt zwar das zweiteilige Werk *The Women's Bible* von Elizabeth Cady Stanton aus den Jahren 1895 und 1898 heute als erstes feministisches Werk zur Bibelauslegung, jedoch setzt die feministische Exegese im engeren Sinn erst 60 Jahre später ein. Sie wird als kontextuelle Theologie betrieben und ist eng mit den damaligen Frauenbewegungen verbunden. Stanton hatte in ihrem Werk alle Bibelstellen aufgeführt, die als Belege dienten, die Rechtsungleichheit von Frauen zu begründen. Sie stellte aber auch die Passagen heraus, in denen Frauengestalten als Prophetinnen, Lehrerinnen oder gesellschaftliche Autoritäten vorkommen. Das Anliegen der feministischen Bibelwissenschaft damals wie im 20. Jahrhundert bestand vor allem darin, die vergessenen bzw. durch die männerzentrierte Auslegung unsichtbar gewordenen Frauen und ihre Geschichten sichtbar zu machen.

Das Bewusstsein um strukturelle Ungleichbehandlung, rechtliche Herabsetzung, Diskriminierung, Ausbeutung und Gewalt gegen Frauen bildet nunmehr den Hintergrund, vor dem sich die Exegese den biblischen Texten nähert. Besonderes Augenmerk gilt heute der sogenannten Intersektionalität, also der Überschneidung und Gleichzeitigkeit von verschiedenen Diskriminierungskategorien, insbesondere den Wechselwirkungen zwischen Gender, Ethnizität, Nation, Klasse und dem Widerstand gegen imperialistische Strukturen. Die Bibel wird dabei als Zeugnis von gesellschaftspolitischen Veränderungsprozessen erschlossen und kann auf diese Weise dazu beitragen, in der Gegenwart eine Veränderung ungerechter Strukturen in Gesellschaft, Kirche und Theologie anzustoßen.

Leia und die starken Frauen

Für ein Verständnis der gesellschaftlichen Verhältnisse damals wie heute lohnt es sich, einen Blick auf die weiblichen Charaktere einer Handlung zu werfen. In der Bibel wie in der *Star Wars*-Saga gibt es davon einige: So begegnet dem Publikum mit Leia Organa bereits 1977 in Episode IV eine starke, unabhängige Frau in einer Führungsposition. Sie trägt weiße Kutten, die ihre Weiblichkeit verstecken. Ihre Haartracht erinnert an die traditionelle Frisur der mexikanischen *Soldaderas*, die in der Mexikanischen Revolution gegen das Regime von Porfirio Diaz kämpften. Die Tochter von Padmé Amidala und Anakin Skywalker spricht wenig, doch was sie sagt, hat Gewicht. Sie greift auch nur selten zur Waffe, aber wenn sie es tut, dann ist sie äußerst treffsicher. Aufmerksame Fans wollen sogar herausgefunden haben, dass Leia im Vergleich zu ihren männlichen Mitstreitern die treffsicherste Heldin in der klassischen Trilogie ist.

Obwohl sie Obi-Wan Kenobi um Hilfe bittet, bleibt sie nicht in der Rolle der bedrohten Märchenprinzessin stecken.

Zwar wird sie auch mal gerettet, doch meistens jedoch rettet sie sich selbst und andere. Die Flucht aus der Gefangenschaft auf dem ersten Todesstern beispielsweise gelingt nur dank ihres Sprungs in das Abfalllager. In der Liebesbeziehung zu Han Solo hält sie seinen chauvinistischen Sprüchen stand und scheint insgesamt auch den Ton anzugeben. Daher bleibt auch sein »Ich weiß« nach dem ersten Kuss und Leias Liebeserklärung, kurz bevor Han eingefroren wird, nicht unkommentiert. In Episode VI, wo es nun Han Solo ist, der ihr vor dem geheimen Eingang des Kontrollbunkers auf dem Planet Endor seine Liebe gesteht, antwortet diesmal Leia mit »Ich weiß«. Ihr Selbstbewusstsein und ihre Führungsqualitäten sind der Prinzessin in die Wiege gelegt. Ihre leibliche Mutter, Padmé Amidala, regierte erst als Königin von Naboo und ist jederzeit bereit, für ihr Volk zu kämpfen und im Extremfall sogar ihr Leben zu opfern. Später wird sie Senatorin und ist auch in dieser Funktion von großen Idealen geleitet und eine der wenigen, die ihre Stimme kritisch gegen Kanzler Palpatine erheben.

Neben Leia, Padmé und Rey kommen in der *Star Wars*-Saga eine ganze Reihe starker weiblicher Nebenfiguren vor, die im Laufe der Entwicklung von der klassischen Trilogie zur Prequel- und schließlich zur Sequel-Trilogie immer differenzierter dargestellt werden. Da ist beispielsweise die Gestalt der Mon Mothma in der klassischen Trilogie. Sie ist die Anführerin der rebellischen Allianz und wird schließlich zur ersten Kanzlerin der Republik. Im Prequel begegnet uns Shmi, die starke und selbstlose Mutter von Anakin, die bis zuletzt hinter ihrem Sohn steht, ihn aber in dem Moment, in dem sich ihm die Chance auf ein besseres Leben bietet, auch gehen lassen kann. Ebenso zu erwähnen ist im Prequel die Leibgarde von Padmé, Frauen, die nur kurz in Erscheinung treten, aber bereit sind, ihr Leben für die Königin und damit für die gemeinsame gute Sache hinzugeben.

Mit Ausnahme der weiblichen Killer zu Beginn von Episode II dauert es bis zur Sequel-Trilogie, bis auch auf der dunklen Seite der Macht Frauen eine Rolle spielen. So zum Beispiel Captain Phasma, Ausbilderin der Sturmtruppler der Ersten Ordnung, die, ihrem Anführer treu ergeben, bereit ist, seinen Plan kompromisslos auszuführen, auch wenn sie das das Leben kostet. Eine weitere gute weibliche Gestalt mit Identifikationspotenzial dagegen ist Rose, die analytisch denkende Technikerin, die Finn vor dem Selbstmord bewahrt. Oder auch Amilyn Holdo, Vize-Admiral der Rebellentruppe, die durch ihre Selbstopferung die Flotte der ersten Ordnung zerstört und die anderen Mitglieder des Widerstands vor der sicheren Vernichtung bewahrt. Aber auch die Rebellin Zorii auf dem Planeten Kijimi oder die ehemalige Sturmtrupplerin Jannah, ohne die Reys Expedition auf der Suche nach dem Planeten Exegol, wo Palpatine seine Kampfflotte versteckt, keine Chance gehabt hätte, ist an dieser Stelle zu nennen.

Das Motiv der starken Frau, die in einer patriarchalischen Gesellschaft selbstbewusst und unbeirrt ihren Weg geht, ist eine weitere Verbindung zwischen *Star Wars* und der biblischen Erzählung. Bereits das Buch Genesis kennt eine Reihe selbstbewusster und starker Frauen: Sarah, Rebecca, Rachel und Lea mit ihren Mägden Bilha und Silpa, aber auch die namenlose ägyptische Frau von Josef. Sie führen direkt zu jenen fünf Frauen, die im ersten Kapitel des Exodus-Buches das Überleben von Moses, des künftigen Führers des Volkes Israel in der Wüste, gewährleisten werden: die Hebammen Sifra und Pua, die sich dem Pharao widersetzen, die Mutter und die Schwester Moses' und schließlich die Tochter des Pharaos.

Zu einer Steigerung gegenüber den biblischen Vorbildern kommt es in der *Star Wars*-Saga mit der Gestalt von Rey, die als Einzige gegen den wiederauferstandenen Imperator Palpatine bestehen kann und – gewissermaßen als neues Mitglied der Familie Skywalker – den Jedi-Orden wiederaufbauen wird. So zumindest die Hoffnung, der sich die Fans am Ende von Episode IX wohl hingeben dürfen.

Rey – Frauenrollen neu gedacht

Die Inszenierung von Frauen hat sich zwischen dem ersten *Star Wars*-Film aus dem Jahre 1977 und der Sequel-Trilogie enorm gewandelt. Das ist wenig überraschend, denn schließlich liegen fast vierzig Jahre dazwischen.

Rey, die Heldin der zwischen 2015 und 2019 erschienenen Sequel-Trilogie, lebt als Waisenkind auf dem Wüstenplaneten Jakku und hält sich mühsam als Schrottsammlerin über Wasser. Mit ihr scheinen sich die stereotypen Frauendarstellungen zu verändern. Schon in der ersten Szene stellt die junge Frau klar, dass sie niemanden braucht, der ihr sagt, was sie tun soll. Als Finn sie während ihrer gemeinsamen Flucht an der Hand nimmt und damit seine führende und schützende männliche Rolle zum Ausdruck gebracht wird, schlägt sie seine Geste sofort aus. Ihr Statement wirkt programmatisch: »Ich kann rennen. Du musst nicht meine Hand halten.« Hinzu kommt, dass Rey als äußerst fähige Pilotin eingeführt wird, wie vor ihr nur Anakin und Luke welche sind. Als Kampfgerät benutzt sie keinen X-Flieger oder einen Sternenjäger, sondern den prestigeträchtigen und traditionsreichen Millennium Falken, mit dem sie ohne Schwierigkeiten zwei Abfangjäger der ersten Ordnung besiegt.

Ein weiteres Unterscheidungsmerkmal gegenüber Padmé und Leia besteht schließlich darin, dass Rey in keinem der drei Filme eine Romanze mit einem Mann eingeht. Die Beziehung zu ihrem Antagonisten Kylo Ren sowie der Kuss, den er ihr kurz vor seinem Tod gibt, um ihr seine ihm noch verbliebene Kraft zu übertragen, spielen auf einer anderen Ebene; hier geht es um ihre spirituelle Verbundenheit mit der Macht. Die Siegesszene am Ende von Episode IX zeigt schließlich nicht eine Heldin mit einem Mann an ihrer Seite, sondern eine bunte Gruppe jubelnder Menschen, unter ihnen zwei Frauen, die sich – zwar im Hintergrund, aber immerhin – einen Kuss geben. Vierzig Jahre nach Episode I hat neben der Emanzipation also auch das Thema »Diversity« Einzug ins *Star Wars*-Universum gehalten.

Ähnlich wie die biblischen Heldinnen Deborah und Judith, die den Kampf bis zur Vernichtung der Feinde des Gottesvolkes nicht scheuen und mit ihrem Einsatz viele Menschen retten, oder Rut, die ihr eigenes Schicksal bestimmt und mit ihren Handlungen die Geschichte des Volkes Israels lenkt, kann auch Rey gewissermaßen als Zielpunkt einer langen Entwicklung verstanden werden, in der sich trotz vieler Probleme und Rückschläge das Bild einer emanzipierten, auch ohne männlichen Begleiter verständlichen Frauenrolle herauskristallisiert hat. Ihre Stärke inspiriert die gealterte Leia und lässt ihre Gestalt noch einmal in einem neuen Licht erscheinen. Ohne die Hilfe von ihrem Geliebten, Han Solo, oder von ihrem Bruder Luke Skywalker schließt sie Reys Ausbildung ab und tröstet am Ende von Episode VIII die junge Kämpferin, die an Lukes Tod zu zerbrechen droht, mit Worten, die ebenso programmatisch sein dürften wie die von Rey zu Beginn von Episode VII: »Wir haben alles, was wir brauchen.«

»DU KANNST NICHT GEWINNEN, DARTH!«

DER APOKALYPTISCHE KAMPF IN EINEM DUALISTISCHEN UNIVERSUM

Die dramaturgische Inszenierung der Beziehung zwischen Obi-Wan Kenobi und Anakin Skywalker zählt zweifellos zu den filmischen Meisterstücken der *Star Wars*-Saga. In Episode I wird der junge Anakin von Jedi-Meister Qui-Gon Jinn auf Tatooine entdeckt und trotz der Bedenken des Rates als Jedi-Schüler aufgenommen. Obi-Wan Kenobi war zu diesem Zeitpunkt selbst Padawan von Qui-Gon. Aber als sein Meister im Kampf gegen Darth Maul stirbt, erklärt er sich bereit, die Ausbildung von Anakin zu übernehmen. Die große Abhängigkeit der beiden jungen Männer von Qui-Gon und ihr geringer Altersunterschied führen dazu, dass sich die Meister-Schüler-Beziehung zu einer Brüder-Beziehung entwickelt. Zugleich fühlt sich Anakin immer mehr zur dunklen Seite der Macht hingezogen, was dazu führt, dass es vermehrt zu Spannungen zwischen den beiden Jedi kommt.

Dieser Prozess wird in der gesamten Prequel-Trilogie thematisiert und gipfelt schließlich in einem epischen Bruderkampf auf dem Lavaplaneten Mustafar. In diesem Moment ist bereits entschieden, welche Positionen die beiden ehemaligen Schüler von Qui-Gon einnehmen. Der eine hat sich für die helle, der andere für die dunkle Seite der Macht entschieden. Die unmittelbar darauf folgende Transformation von Anakin in Darth Vader und das von Obi-Wan freiwillig angetretene Exil beschreiben – wie sonst kaum eine andere Begebenheit – die Spaltung des *Star Wars*-Universums in zwei klar voneinander getrennte Sphären. Auf der einen Seite steht das böse Prinzip, die dunkle Seite der Macht, auf der anderen Seite dagegen herrscht das Gute, die helle Seite der Macht.

Hell und Dunkel oder Gott und Teufel: ein dualistisches Universum ohne Grautöne

Die letzte Begegnung der beiden Brüder auf dem ersten Todesstern 19 Jahre nach dem Kampf auf Mustafar entwickelt sich zu einem epochalen Kampf, einem spektakulären Lichtschwertergefecht. 1977 war es etwas ganz Neues und begeisterte das Publikum.

Bevor sich aber Obi-Wan tödlich getroffen in Luft auflöst, bringt er mit seinen letzten Worten eine Gewissheit zum Ausdruck, die durchaus als Motto für den ewigen Kampf zwischen Gut und Böse, der die *Star Wars*-Saga wie ein roter Faden durchzieht, gelten könnte: »Du kannst nicht gewinnen, Darth! Wenn du mich schlägst, werde ich mächtiger werden, als du es dir auch nur im Entferntesten vorstellen kannst.« Obi-Wan ist davon überzeugt, dass die helle Seite der Macht der dunklen überlegen ist. Sterbend vertraut er darauf, dass er »eins mit der Macht« sein wird, und verkörpert damit den zutiefst gläubigen Menschen, der angesichts eines scheinbar unüberwindbaren Gegners auf das Unmögliche hofft. Für Obi-Wan ist das der Beginn einer neuen Zeit, in der die Kräfteverhältnisse in das Gegenteil verkehrt sein werden. Der Kampf zwischen zwei klar definierten, einander widerstreitenden Polen und die Überzeugung, dass die gegenwärtige Epoche bald zu Ende sein wird, sodass es zu einem Neuanfang unter in das Gute verkehrten Bedingungen kommen kann, sind zwei Elemente, denen nicht nur in der *Star Wars*-Saga, sondern auch in der biblischen Apokalyptik eine zentrale Bedeutung zukommt.

Innerhalb der Galaxie wird dieser endzeitliche Kampf von den Jedi-Rittern gegen die ebenso mit der Macht vertrauten Sith ausgetragen. Die Besonderheit des dualistischen Universums von *Star Wars* besteht aber nicht allein in dieser Auseinandersetzung zwischen zwei gegensätzlichen Prinzipien, denn solche Konstellationen findet man in vielen Mythen, Kulturen und Religionen. Die Eigenheit von *Star Wars* liegt darin, dass Jedi und Sith, die helle Seite und die dunkle Seite also, einen gemeinsamen Ursprung haben. Dualismus bedeutet hier schlicht zwei unterschiedliche Perspektiven der einen, einzigen Macht. Und so verwundert es auch nicht, dass wir immer wieder Jedi begegnen, die zu Sith werden.

Imperator Palpatine etwa verlangt von Luke am Ende von Episode VI eine eben solche Verwandlung und spricht dabei von einer »Bekehrung«. Erfolg hat er damit keinen, denn Luke widersetzt sich hartnäckig der dunklen Seite. Anders sein Vater Anakin, der alle Voraussetzungen mitgebracht hatte, zum stärksten Jedi der Galaxie zu werden, sich dann aber doch für die dunkle Seite entschied und zu Darth Vader wurde. Etwas weniger bekannt ist der Fall von Count Dooku, der ein Yoda-Padawan und Mitglied im Hohen Rat der Jedi war. Er hatte einst Qui-Gon Jinn ausgebildet und war schließlich als Darth Tyranus zur dunklen Seite übergetreten.

Eine »Bekehrung« im Sinne von Palpatine findet man auch in der christlichen Tradition, wo sie den meisten Gläubigen als der apokalyptische »Fall des Luzifers« bekannt ist. Der christliche Teufel war früher – wie übrigens auch der jüdische und der muslimische Teufel – ein Engel und gehörte zu den engsten Beratern Gottes. Dann aber verwandelt er sich, von Neid und Hochmut in die Irre geführt, in den Fürsten der Dunkelheit – so zumindest die gängigste Erklärung. In diesem Sinn warnt auch Dooku den jungen Anakin mit den Worten: »Hochmut, mein Junge, kommt vor dem Fall!«

Der apokalyptische Kampf, an dessen Ende das Heil steht

Bildgewaltige Visionen vom Untergang der Welt und vom Kommen eines neuen und besseren Kosmos finden sich in beinahe allen Kulturen und Religionen. Eng damit verbunden sind zum einen Prophezeiungen und Anweisungen, die dabei helfen sollen, die Krise des Untergangs zu überleben, zum anderen sehr konkrete Vorstellungen von den einander bekämpfenden Parteien am Ende der Zeiten. Alltagssprachlich wird dies als »Apokalypse« bezeichnet, wobei es in der ursprünglichen Bedeutung des Wortes nie um ein endgültiges, alles vernichtendes globales Unglück geht, das den Untergang der ganzen Zivilisation mit sich bringt. Ein solches Verständnis entsteht erst infolge einer zugespitzten Interpretation der *Offenbarung des Johannes,* des letzten Buches des Neuen Testaments, in dem das Wort »Apokalypse« erstmals als Bezeichnung eines literarischen Werkes herangezogen wird und in einem nächsten Schritt zur Bezeichnung für eine literarische Gattung wird.

Angst und Schrecken vor einer negativen, unbezwingbaren Macht sind ebenso Aspekte, die in vielen apokalyptischen Schriften vorkommen, jedoch nicht unbedingt vorkommen müssen. Denn eine Apokalypse ist nicht nur bzw. nicht in erster Linie etwas Negatives. Apokalypse im biblischen Sinn hat nämlich nichts mit Weltuntergangsvorstellungen zu tun. Im Gegenteil: Streng genommen handelt es sich bei der Apokalypse um eine Offenbarung, die von den Ereignissen am Ende der Zeit erzählt.

Eine Offenbarung kann durchaus schreckliche Szenen enthalten, sie will aber vor allem – auch wenn das auf den ersten Blick eigenartig wirken mag – Hoffnung in einer schwer zu ertragenden Gegenwart vermitteln. Apokalyptische Visionen gründen in einem dualistischen Verständnis der Realität, wobei die gegenwärtige Welt als ungerecht und die eigene Lebenssituation als unerträglich empfunden werden. Trotz all dem wird der Glaube an die Treue und Güte einer rettenden Gottheit nicht aufgegeben. Apokalyptische Literatur versteht die Weltgeschichte insgesamt als eine ebenso lineare wie determinierte Reihenfolge von Geschehnissen, die einen Anfang und ein Ende haben. Zwischen diesen beiden Eckpunkten reihen sich verschiedene »Weltzeitalter« aneinander.

So auch bei *Star Wars*: Am Beginn und am (endzeitlichen) Ziel der Menschheitsgeschichte steht ein umfassender Heilszustand, wie Obi-Wan kurz vor seinem Tod Darth Vader klar zu verstehen gibt. Im konkreten Verlauf der Geschichte ist dieses Heil aber in immer stärkerem Maße bedroht, was unter anderem durch den ebenso verzweifelten wie selbstlosen Kampf der »hellen Seite« gegen das Imperium bzw. gegen die erste und die letzte Ordnung zum Ausdruck kommt.

Ihren endgültigen Abschluss findet eine jede Offenbarung in der Rückkehr zu den Anfängen. In *Star Wars* ist das der Planet Tatooine, auf dem 67 Jahre zuvor Qui-Gon Jinn in Anakin den Auserwählten identifiziert hatte und wo einst die Skywalker-Saga begann. Die Erfüllung der Offenbarung besteht darin, dass das Waisenmädchen Rey den Namen Skywalker annehmen und weiterführen wird. Mit und in ihr kann nun ein neues Zeitalter beginnen. Dieses Zeitalter ist von der Hoffnung auf das Heil bringende Eingreifen der

Macht zugunsten der Treuen und Frommen getragen. Ein wichtiger Punkt ist dabei die zeitliche Perspektive. Ganz in der Tradition einer guten Apokalypse handelt *Star Wars* nicht von zukünftigen Ereignissen, sondern beschreibt, analysiert und bewertet die eigene Gegenwart. Mit der wiederkehrenden Einleitungsformel – »Es war einmal vor langer Zeit in einer weit, weit entfernten Galaxis …« – wird genau auf diese apokalyptische Zeitschiene angespielt. Vergangene Geschehnisse werden als Modell für die Gegenwart der Protagonisten herangezogen.

George Lucas erschafft mit seinem Rückgriff auf diese zeitliche Perspektive keine Märchenwelt, sondern eine apokalyptische Vision. Die Welt, wie sie vor langer Zeit erfahrbar war, ist der Ursprung für jene Welt, in welcher der fiktive *Star Wars*-Erzähler lebt und von der er in Form einer alten Geschichte berichtet. Die Tatsache, dass die Erzählung im Jetzt des fiktiven Sprechers noch einmal stattfindet, bedeutet für das Publikum die Gewissheit, dass sie gut ausgegangen ist.

Beim Zuhörer sollen nicht die Schrecken von galaktischen Kriegen oder Katastrophen, sondern – ganz im Gegenteil – die Hoffnung in einer verletzten Welt wachgerufen werden. Im Bewusstsein darum, dass die Macht – oder Gott für die biblischen Narrative – in der Vergangenheit Großes geleistet hat, darf man trotz aller Wirren und Gefahren im Jetzt darauf hoffen, dass sich Vergleichbares auch in der Gegenwart und Zukunft ereignen wird. Die Einzelnen sollen sich nicht ohnmächtig fühlen, sondern als neu erwachte Subjekte selbst aktiv zu einer besseren Welt beitragen.

Ein wiederkehrendes Muster

Aus der Krise geht Erkenntnis hervor und aus der Erkenntnis entsteht Heil. Dieser Leitsatz, der durchaus von Meister Yoda stammen könnte, beschreibt am besten die Grundbedeutung von apokalyptischen Schriften der Bibel und zugleich den Erzählbogen der drei *Star Wars*-Trilogien.

Weder die endzeitlichen Plagen noch der katastrophale Zusammenbruch der Welt sind der endgültige Schlusspunkt. Vielmehr handelt es sich bei Chaos, Leid und Untergang um ein Durchgangsstadium auf dem Weg zur Erlösung. Das Buch der Offenbarung ist diesbezüglich eindeutig. Der Weg ist hart, der Sieg aber gewiss, denn den Kindern des Lichts ist die Erlösung versprochen. Für den Einzelnen kann das zwar unter Umständen die Hingabe des eigenen Lebens bedeuten, für die Menschheit jedoch ist das Ziel Rettung und Erlösung. Der Satz von Obi-Wan: »Du kannst nicht gewinnen, Darth!«, bringt daher nicht nur die tiefste Überzeugung des Jedi-Meisters, sondern der ganzen apokalyptischen Literatur zum Ausdruck: Was auch immer geschieht, das Böse kann und wird nicht für immer die Übermacht gewinnen.

Als George Lucas 1977 mit den Dreharbeiten des ersten *Star Wars*-Films begann, war er von dieser apokalyptischen Idee inspiriert. Mehr als vierzig Jahre später sollte die Sequel-Trilogie seine Vision vervollständigen: Trotz einem vermeintlich unbezwingbaren Feind geht das Leben weiter. Der Kampf war hart und grausam, doch nun endlich kann das neue Zeitalter – das Zeitalter der Skywalker – beginnen.

Innerhalb des Weltgeschehens ist aber immer auch eine persönliche Glaubensentscheidung nötig, die es dem Einzelnen erlaubt, die Angst zu überwinden, sich selbst und das eigene Dasein neu zu definieren. Das *Star Wars*-Narrativ funktioniert beinahe durchgehend auf diese Weise, wobei die Apokalypsen nicht das definitive Ende der Welt mit sich bringen, sondern jeweils nur das Ende eines Zeitabschnitts. Das geschieht innerhalb der *Star Wars*-Saga immerhin drei Mal: In der Prequel-Trilogie, deren apokalyptische Erzählung sich sowohl auf der Makro- als auch auf der Mikroebene vollzieht, endet der galaktische Kampf im Himmel von Coruscant am Ende von Episode III mit der Geburt von Zwillingen. Dadurch wird ein neues Zeitalter eingeläutet, in dem auf Alderaan und Tatooine nunmehr Licht und Hoffnung herrschen werden.

In der klassischen Trilogie ist der Höhepunkt der Apokalypse mit der Zerstörung des Todessterns und dem damit wiederhergestellten Frieden in der Galaxie erreicht. Dieselbe Botschaft vermittelt auch das biblische Buch der Offenbarung, in dem in einer letzten Vision die Ankunft des neuen Jerusalems vorausgesagt wird. Das Auftreten der Geister – oder besser: der Machterscheinungen – von Obi-Wan, Yoda und dem am Ende seines Lebens bekehrten Anakin lassen sich als ein weiteres endzeitliches Motiv interpretieren, das sich in der Logik des Christentums als »Gemeinschaft der Heiligen« beschreiben ließe und unmissverständlich den Beginn eines neuen Zeitalters anzeigt.

Die Sequel-Trilogie schließlich führt das apokalyptische Denken noch eine Stufe weiter: Die Auseinandersetzung zwischen der ersten Ordnung und dem Widerstand bildet einmal mehr eine dualistische Situation ab, in der immer deutlicher wird, dass die Macht eine doppelte Gestalt hat; mit Rey eine helle Seite und mit Kylo Ren eine dunkle Seite. Beide stehen in einer geistigen Verbindung zueinander. Mit der von vielen Fans kritisierten Wiedergeburt des Imperators Palpatine am Beginn von Episode IX wird aber ein weiteres apokalyptisches Thema aufgegriffen, das aus der biblischen Offenbarung wohlbekannt ist: Der für tot geglaubte Satan kehrt zurück. Eine Zeit lang gelingt es ihm, sein Unwesen zu treiben, zu guter Letzt wird er von der guten Seite jedoch endgültig besiegt.

Die gegenseitige Faszination, Anziehung und Abneigung der beiden Helden der Sequel-Trilogie repräsentiert nicht bloß die Auseinandersetzung zwischen Gut und Böse in einer klaren Schwarz-Weiß-Logik, sondern die Dynamik und Tragik der einzelnen Person und ihrer Geschichte. Rey und Kylo sind die beiden Seelen, die auch in Darth Vader und letztlich in jedem Menschen miteinander ringen. Wie bei Darth Vader – und wie letztlich in jeder apokalyptischen Vision – ist am Ende auch für sie nur ein Ergebnis denkbar: die Erlösung. Der lebensspendende Kuss zwischen den beiden steht sinnbildlich für diese Erlösung.

QUIZFRAGE 5

„DU BIST MEIN GELIEBTER SOHN."

Gott oder Darth Vader?

Mit diesen Worten, die aus dem Himmel erklingen, als Jesus von Johannes getauft wird (Lk 3,22), wird gleich zu Beginn des Lukasevangeliums unmissverständlich die Sohnschaft Jesu festgestellt.

Die Vater-Sohn-Beziehung spielt auch im *Star Wars*-Epos eine wichtige Rolle; besonders am emotionalen Höhepunkt der klassischen Trilogie. Mit den Worten „Ich bin dein Vater" verleiht George Lucas der Erzählung eine unerwartete Wendung. Diese zentrale Aussage war selbst beim Filmdreh ein gut gehütetes Geheimnis. Nicht einmal die Schauspieler dieser Szene kannten den Satz. Darth Vader Darsteller David Prowse hatte zunächst einen anderen Text gesprochen. Auf diese Weise konnte George Lucas die Spannung am Set aufrechterhalten. Das mittlerweile berühmt gewordene Bekenntnis des Darth Vader wurde erst im Nachhinein vom Synchronsprecher eingesprochen. So gibt Darth Vader also zu, der Vater von Luke zu sein, sagt aber nicht explizit, dass Luke sein Sohn ist, auch wenn das die logische Folge seines Bekenntnisses ist.

»Gott« ist die richtige Antwort.

DIE BIBEL UND *STAR WARS* – EINE NEUE HOFFNUNG

George Lucas, der Schöpfer der *Star Wars*-Saga, realisierte vor 45 Jahren einen Spielfilm, der in vielfältiger Weise die damalige Filmszene revolutionierte. Inszeniert wurde dabei der ewige Kampf zwischen Gut und Böse, zwischen Licht und Dunkelheit, bei dem am Ende die Guten triumphieren – ein Szenario also, das wir auch aus der jüdisch-christlichen Tradition, der Bibel, kennen. Im Fall von *Star Wars* spielt sich das Ganze aber in einer völlig neuen räumlichen Dimension ab: im Weltall.

Die Saga der Skywalker-Familie, oder – um mit den Worten von George Lucas selbst zu sprechen – die »*Star Wars* Space Opera«, entfaltet sich mittlerweile über drei Film-Trilogien. Das Universum von *Star Wars* ist aber beinahe unendlich viel größer, die biblischen Elemente, die darin aufgegriffen werden, sind zahlreich. Nicht nur jene Teile der Erzählung, die apokalyptisch geprägt sind, auch eine ganze Reihe von Figuren finden ihr Gegenüber im Content wie in den Gestalten der Bibel: Von der Erwartung eines Erlösers bis hin zur Selbsthingabe, dank derer andere gerettet werden …

Die Welt von *Star Wars* ist von biblischen Motiven regelrecht durchdrungen.

Lass dich nicht vom Bösen überwältigen, sondern überwinde das Böse mit dem Guten – so könnte man die zentrale Botschaft des Römerbriefes im Neuen Testament zusammenfassen. Zugleich trifft dieser Leitsatz aber auch auf die *Star Wars*-Saga zu und ist damit gewiss nicht die einzige biblische Botschaft, die sich in einer verblüffenden Ähnlichkeit im *Star Wars*-Universum finden lässt. Aufmerksame Zuschauerinnen und Zuschauer entdecken im verfremdeten Kontext der fernen Galaxie moralische Haltungen und Werte, die ihren Ursprung in der biblischen Theologie haben. In den *Star Wars*-Filmen werden sie aktualisiert und positiv weitergegeben.

Während die Gründungsmythen der Bibel schlussendlich – zusammen mit anderen Einflussfaktoren – zum Entstehen einer Religion geführt haben, ist *Star Wars* heute »just a movie«. Doch können wir uns dessen so sicher sein? Letztlich ist selbst das bei näherem Betrachten eine Frage von Zeitpunkt und Perspektive. Immerhin war auch die Bibel in ihren Anfangstagen nichts anderes als »just a story« …

QUIZFRAGE 6

„WAAHHHRGHHRRH"

Chewbacca oder Simon Petrus?

Die tiefen Gutturallaute des behaarten Chewbacca, Co-Pilot und Navigator des Millennium Falken, sind *Star Wars*-Fans bestens bekannt und bleiben doch völlig unverständlich. Han Solo und Luke können seine Sprache, die sich aus Brummen, Knurren, Schnaufen, Grunzen und Heulen zusammensetzt, zum Glück sehr gut verstehen. Wer das nicht tut, muss den (nicht-)sprachlichen Äußerungen des sympathischen Wookie auf die gleiche Weise beikommen wie den robotischen Noten von R2-D2: Er muss sie übersetzen.

Im Neuen Testament ist ein ähnliches Phänomen beschrieben: die Zungenrede. Sie besteht nicht nur in ungewohnten Lauten, sondern zeichnet sich vor allem dadurch aus, dass Menschen in einer beliebigen Sprache sprechen und von allen Anwesenden verstanden werden können, obwohl diese der Sprache nicht mächtig sind. Der Erste, dem dieses Kunststück gelang, war der Apostel Petrus (Apostelgeschichte 2,4–8). Ein „Waahhhrghhaah" ist dennoch auch von ihm in der Bibel nicht belegt.

„Chewbacca" ist die richtige Antwort.

DIE AUTOREN

Claudia Paganini

geb. 1978 in Innsbruck, studierte in Innsbruck und Wien Philosophie und Theologie. Nach ihrer Promotion mit einer kulturphilosophischen Arbeit und einer Habilitation im Fach Philosophie lehrt und forscht sie seit 2021 als Professorin für Medienethik an der Hochschule für Philosophie in München. Neben ihrer Tätigkeit als Wissenschaftlerin schreibt sie Romane und ist in der Erwachsenenbildung aktiv.

Simone Paganini

geb. 1972 in Italien. Nach Stationen in Florenz, Rom, Innsbruck, Wien und München ist er derzeit Professor für Biblische Theologie an der RWTH-Aachen. Er ist Autor zahlreicher wissenschaftlicher Publikationen und populärwissenschaftlicher Bücher (unter anderem über Fake News oder Sex in der Bibel). Auch auf Science Slams begeistert er ein großes Publikum. Seit seinem fünften Lebensjahr ist er ein großer *Star Wars*-Fan.

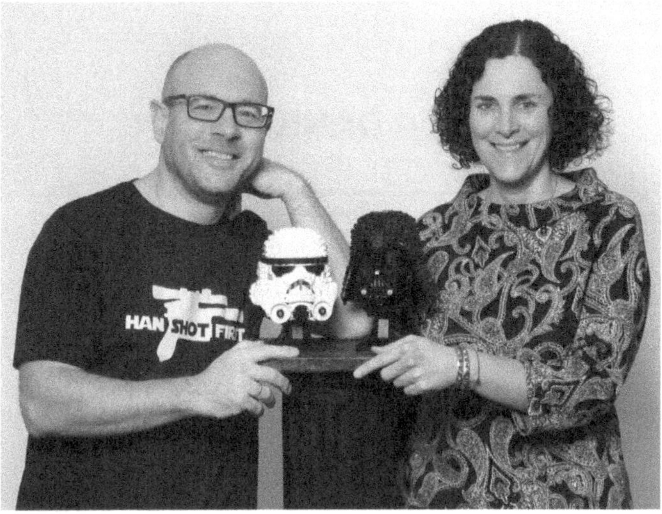

© Martin Vandory

Simone und Claudia haben vor langer Zeit geheiratet und haben drei Kinder. Gemeinsam tanzen und reiten sie und schreiben Bücher. Auch das Projekt, einen Todesstern zu bauen, haben sie noch nicht ganz aufgegeben. Sie wohnen in Tirol, dem Ort, der dem wunderschönen Planeten Hoth am nächsten kommt.

DANK

Auch wenn es ein kleines Buch ist, so haben doch einige Menschen zur Entstehung beigetragen.

Ein besonderer Dank geht an Johanna Oehler und an das Team vom Herder Verlag, das die Buchidee von Anfang an unterstützt hat, an Sarah Christ, die wie gewohnt hervorragend lektoriert hat, und vor allem an den *Star Wars*-Experten Christoph Hartung, der dank seiner jahrzehntelangen Erfahrung als Filmjournalist das Buch um zahlreiche Hinweise und Verbesserungsvorschläge bereichert hat. Er selbst stand 1977 zufällig in einer der langen Schlangen von Neugierigen eines New Yorker Kinos und sah den Film dort zum ersten Mal.

Danke auch an Pierre Kreutz, Stefan Richling, Hendrik Lehmann, Sven Pollmann und Simone Spreafico für die konstruktiven Anmerkungen.

ÜBERSICHT ÜBER DIE STAR WARS-EPISODEN

Star Wars-Episode I: »Die dunkle Bedrohung« (1999)

Star Wars-Episode II: »Angriff der Klonkrieger« (2002)

Star Wars-Episode III: »Die Rache der Sith« (2005)

Star Wars-Episode IV: »Eine neue Hoffnung« (1977/1997)

Star Wars-Episode V: »Das Imperium schlägt zurück« (1980/1997)

Star Wars-Episode VI: »Die Rückkehr der Jedi-Ritter« (1983/1997)

Star Wars-Episode VII: »Das Erwachen der Macht« (2015)

Star Wars-Episode VIII: »Die letzten Jedi« (2017)

Star Wars-Episode IX: »Der Aufstieg Skywalkers« (2019)